信访工作条例

关联规定速查

中国法制出版社
CHINA LEGAL PUBLISHING HOUSE

编辑说明

信访工作是党的群众工作的重要组成部分，是了解社情民意的重要窗口。为深入贯彻习近平总书记关于加强和改进人民信访工作的重要思想，总结党长期以来领导和开展信访工作经验特别是党的十八大以来信访工作制度改革成果，坚持和加强党对信访工作的全面领导，理顺信访工作体制机制，中共中央和国务院于2022年2月25日印发了《信访工作条例》。

中共中央、国务院《关于印发〈信访工作条例〉的通知》要求各地区各部门把握新时代信访工作原则和要求，践行以人民为中心的发展思想，完善信访工作责任体系，把党中央关于信访工作的方针政策和决策部署落到实处；做好《信访工作条例》实施和国务院《信访条例》按法定程序废止前的相关工作衔接，确保顺畅平稳过渡；做好《信访工作条例》的学习培训、宣传解读和落实情况的督促检查，在全社会营造办事依法、遇事找法、解决问题用法、化解矛盾靠法的良好环境。

为方便广大信访工作人员学习《信访工作条例》，有序开展信访工作；帮助广大人民群众了解信访知识，增强法治意识，我们编辑出版了《信访工作条例关联规定速查》一书。本书有如下特点：

1. 为《信访工作条例》标准文本增加“条文主旨”，方便读者参考检索。

2. 将与《信访工作条例》相关的党内法规、国家法律进行分类整合和梳理，并附于《信访工作条例》主体条文之后，方便读者参照阅读。

3. 附录《信访工作条例》与《信访条例》关联对照表，突出《信访工作条例》与《信访条例》的关联变化，方便读者了解《信访工作条例》的新特点，掌握信访工作的新规定和新精神。

由于编写水平有限，书中疏漏之处还请读者朋友不吝指教，我们将不断补充完善！

目 录

Contents

第一章 总 则

第二章 信访工作体制

第三章　信访事项的提出和受理

第四章　信访事项的办理

第五章　监督和追责

第六章　附　　则

附录

第一章　总　　则

第一条　**【制定目的】**[①] 为了坚持和加强党对信访工作的全面领导，做好新时代信访工作，保持党和政府同人民群众的密切联系，制定本条例。

党内法规

1. **《中国共产党章程》**（2017 年 10 月 24 日）[②]

总纲　中国共产党是中国工人阶级的先锋队，同时是中国人民和中华民族的先锋队，是中国特色社会主义事业的领导核心，代表中国先进生产力的发展要求，代表中国先进文化的前进方向，代表中国最广大人民的根本利益。党的最高理想和最终目标是实现共产主义。

……

2. **《信访工作责任制实施办法》**（2016 年 10 月 8 日）

第一条　为了进一步落实各级党政机关及其领导干部、工作人员信访工作责任，从源头上预防和减少信访问题发生，推动信访问题及时就地解决，依法维护群众合法权益，促进社会和谐稳定，根据国家有关法律法规和中央有关规定，制定本办法。

---

① 本书中的条文主旨均为编者所加，仅供读者参考检索。

② 本书中的时间为文件的公布时间或最后一次修正、修订的公布时间。

法律法规

《中华人民共和国宪法》（2018 年 3 月 11 日）

第二十七条 一切国家机关实行精简的原则，实行工作责任制，实行工作人员的培训和考核制度，不断提高工作质量和工作效率，反对官僚主义。

一切国家机关和国家工作人员必须依靠人民的支持，经常保持同人民的密切联系，倾听人民的意见和建议，接受人民的监督，努力为人民服务。

国家工作人员就职时应当依照法律规定公开进行宪法宣誓。

第二条 【适用范围】本条例适用于各级党的机关、人大机关、行政机关、政协机关、监察机关、审判机关、检察机关以及群团组织、国有企事业单位等开展信访工作。

党内法规

《信访工作责任制实施办法》（2016 年 10 月 8 日）

第二条 本办法所称党政机关，包括党的机关、人大机关、行政机关、政协机关、审判机关、检察机关。

各级党政机关派出机构、直属事业单位以及工会、共青团、妇联等人民团体适用本办法。

国有和国有控股企业参照本办法执行。

第三条　【信访工作重要意义】信访工作是党的群众工作的重要组成部分，是党和政府了解民情、集中民智、维护民利、凝聚民心的一项重要工作，是各级机关、单位及其领导干部、工作人员接受群众监督、改进工作作风的重要途径。

第四条　【指导思想】信访工作坚持以马克思列宁主义、毛泽东思想、邓小平理论、“三个代表”重要思想、科学发展观、习近平新时代中国特色社会主义思想为指导，贯彻落实习近平总书记关于加强和改进人民信访工作的重要思想，增强“四个意识”、坚定“四个自信”、做到“两个维护”，牢记为民解难、为党分忧的政治责任，坚守人民情怀，坚持底线思维、法治思维，服务党和国家工作大局，维护群众合法权益，化解信访突出问题，促进社会和谐稳定。

党内法规

《信访工作责任制实施办法》（2016 年 10 月 8 日）

第三条　落实信访工作责任制，以邓小平理论、“三个代表”重要思想、科学发展观为指导，深入贯彻习近平总书记系列重要讲话精神，按照“属地管理、分级负责，谁主管、谁负责，依法、及时、就地解决问题与疏导教育相结合”的工作原则，综合运用督查、考核、惩戒等措施，依法规范各级党政机关履行信访工作职责，把信访突出问题处理好，把群众合理合法利益诉求解决好，确保中央关于信访工作决策部署贯彻落实。

第五条 【信访工作原则】信访工作应当遵循下列原则：

（一）坚持党的全面领导。把党的领导贯彻到信访工作各方面和全过程，确保正确政治方向。

（二）坚持以人民为中心。践行党的群众路线，倾听群众呼声，关心群众疾苦，千方百计为群众排忧解难。

（三）坚持落实信访工作责任。党政同责、一岗双责，属地管理、分级负责，谁主管、谁负责。

（四）坚持依法按政策解决问题。将信访纳入法治化轨道，依法维护群众权益、规范信访秩序。

（五）坚持源头治理化解矛盾。多措并举、综合施策，着力点放在源头预防和前端化解，把可能引发信访问题的矛盾纠纷化解在基层、化解在萌芽状态。

法律法规

1.**《公安机关信访工作规定》**（2005年8月18日）

第三条 公安机关信访工作应当坚持属地管理、分级负责，谁主管、谁负责，依法、及时、就地解决问题与疏导教育相结合的原则。

2.**《人民检察院信访工作规定》**（2007年3月26日 高检发控字〔2007〕1号）

第五条 人民检察院信访工作应当坚持属地管理、分级负责，谁主管、谁负责，依法、及时、就地解决问题与教育疏导相结合的原则，把矛盾纠纷化解在基层，解决在当地。

第六条 人民检察院信访工作实行首办责任制，按照部门职能分工，明确责任，及时将信访事项解决在首次办理环节。

3.《司法行政机关信访工作办法》（2018 年 2 月 9 日）

第四条　司法行政机关信访工作应当遵循下列原则：

（一）公开便民、公平合理；

（二）属地管理、分级负责，谁主管、谁负责；

（三）实行诉讼、仲裁、行政复议、国家赔偿、法律服务执业投诉与信访相分离；

（四）依法、及时、就地解决问题与疏导教育相结合。

第六条　【信访工作要求】各级机关、单位应当畅通信访渠道，做好信访工作，认真处理信访事项，倾听人民群众建议、意见和要求，接受人民群众监督，为人民群众服务。

法律法规

1.《国务院工作规则》（2018 年 6 月 25 日　国发〔2018〕21 号）

三十六、国务院及各部门要重视信访工作，进一步完善信访制度，畅通和规范群众诉求表达、利益协调、权益保障渠道；国务院领导同志及各部门负责人要亲自阅批重要的群众来信，督促解决重大信访问题。

2.《公安机关信访工作规定》（2005 年 8 月 18 日）

第二条　各级公安机关应当畅通信访渠道，倾听人民群众的意见、建议和投诉请求，接受人民群众的监督，认真做好信访工作，努力为人民群众服务。

3.《**人民检察院信访工作规定**》（2007 年 3 月 26 日　高检发控字〔2007〕1 号）

第四条　人民检察院信访工作应当遵循立检为公、执法为民的宗旨，坚持化解社会矛盾、促进社会和谐的原则，畅通信访渠道，依法处理人民群众的建议、意见和控告、举报、申诉，接受人民群众的监督，维护人民群众的合法权益。

第二章　信访工作体制

第七条　【信访工作格局】坚持和加强党对信访工作的全面领导，构建党委统一领导、政府组织落实、信访工作联席会议协调、信访部门推动、各方齐抓共管的信访工作格局。

党内法规

《中国共产党中央委员会工作条例》（2020 年 9 月 30 日）

第五条　中央委员会、中央政治局、中央政治局常务委员会是党的组织体系的大脑和中枢，在推进中国特色社会主义事业中把方向、谋大局、定政策、促改革。涉及全党全国性的重大方针政策问题，只有党中央有权作出决定和解释。

党中央重大决策部署，是全党全军全国各族人民统一思想、统一意志、统一行动的依据。

第六条　党中央统揽伟大斗争、伟大工程、伟大事业、伟大梦想，统筹推进“五位一体”总体布局、协调推进“四个全面”战略布局，全面领导改革发展稳定、内政外交国防、治党治国治军等各领域各方面工作，对党和国家事业发展重大工作实行集中统一领导。

法律法规

1.《公安机关信访工作规定》（2005 年 8 月 18 日）

第五条 各级公安机关应当加强对信访工作的领导，建立由本级公安机关负责人和各有关部门负责人组成的信访工作领导小组，充分发挥各部门、各警种的作用，形成统一领导、部门协调，各负其责、齐抓共管的信访工作格局。

各级公安机关应当为信访工作机构开展工作提供保障。

2.《人民检察院信访工作规定》（2007 年 3 月 26 日 高检发控字〔2007〕1 号）

第八条 各级人民检察院应当建立由本院检察长和有关内设部门负责人组成的信访工作领导小组，强化内部配合、制约机制，充分发挥各职能部门的作用，形成统一领导、部门协调，各负其责、齐抓共管的信访工作格局。

3.《司法行政机关信访工作办法》（2018 年 2 月 9 日）

第三条 司法行政机关应当成立司法行政机关信访工作领导小组，建立统一领导、分工协作、各负其责、齐抓共管的信访工作格局，及时有效化解矛盾纠纷。

第八条 【党中央统一领导信访工作】党中央加强对信访工作的统一领导：

（一）强化政治引领，确立信访工作的政治方向和政治原则，严明政治纪律和政治规矩；

（二）制定信访工作方针政策，研究部署信访工作中事关党和国家工作大局、社会和谐稳定、群众权益保障的重大改革措施；

（三）领导建设一支对党忠诚可靠、恪守为民之责、善做群众工作的高素质专业化信访工作队伍，为信访工作提供组织保证。

党内法规

《中国共产党中央委员会工作条例》（2020 年 9 月 30 日）

第七条　各级人大、政府、政协、监察机关、审判机关、检察机关，武装力量，各民主党派和无党派人士，人民团体，企事业单位，基层群众性自治组织，社会组织等，都必须自觉接受党中央领导。

第八条　全党各个组织和全体党员必须自觉服从党中央，向党中央看齐，坚决维护党中央权威和集中统一领导，自觉在思想上政治上行动上同党中央保持高度一致。

第九条　【地方党委领导本地区信访工作】地方党委领导本地区信访工作，贯彻落实党中央关于信访工作的方针政策和决策部署，执行上级党组织关于信访工作的部署要求，统筹信访工作责任体系构建，支持和督促下级党组织做好信访工作。

地方党委常委会应当定期听取信访工作汇报，分析形势，部署任务，研究重大事项，解决突出问题。

党内法规

《中国共产党地方委员会工作条例》（2015 年 12 月 25 日）

第九条 党的地方委员会在党代表大会闭会期间，执行上级党组织的指示和同级党代表大会的决议、决定，领导本地区的工作。

党的地方委员会应当通过召开全会的方式履行以下职责：

（一）制定贯彻执行党中央和上级党组织决策部署以及同级党代表大会决议、决定的重大措施。

（二）讨论和决定本地区经济社会发展战略、重大改革事项、重大民生保障等经济社会发展重大问题。

（三）讨论和决定本地区党的建设方面的重大问题，审议通过重要党内法规或者规范性文件。

（四）决定召开同级党代表大会或者党代表会议，并对提议事项先行审议、提出意见。

（五）听取和审议常委会工作报告或者专项工作报告。

（六）选举书记、副书记和常委会其他委员；通过同级党的纪律检查委员会全体会议选举产生的书记、副书记和常委会其他委员。

（七）决定递补党委委员；批准辞去或者决定免去党委委员、候补委员；决定改组或者解散下一级党组织；决定或者追认给予党委委员、候补委员撤销党内职务以上党纪处分。

（八）研究讨论本地区行政区划调整以及有关党政群机构设立、变更和撤销方案。

（九）对常委会提请决定的事项或者应当由全会决定的其他重要事项作出决策。

第十条　常委会在全会闭会期间行使党的地方委员会职权，主持经常工作。其主要职责是：

（一）召集全会，向全会报告工作并接受监督；对拟提交全会讨论和决定的事项先行审议、提出意见。

（二）组织实施上级党组织决策部署和全会决议、决定。

（三）向上级党组织请示报告工作，讨论和决定下级党组织请示报告的重要事项。

（四）对本地区经济社会发展和宣传思想文化工作、组织工作、纪律检查工作、群众工作、统一战线工作、政法工作等方面经常性工作中的重要问题作出决定。

（五）按照有关规定推荐、提名、任免干部，必要时对重要干部的任免可以征求党委委员意见；教育、管理、监督干部；研究决定党员干部纪律处分有关事项。

（六）对应当由常委会决定的其他重要事项作出决定。

第十条　【各级政府依法履行信访工作职责】各级政府贯彻落实上级党委和政府以及本级党委关于信访工作的部署要求，科学民主决策、依法履行职责，组织各方力量加强矛盾纠纷排查化解，及时妥善处理信访事项，研究解决政策性、群体性信访突出问题和疑难复杂信访问题。

法律法规

1.《公安机关信访工作规定》（2005年8月18日）

第四条　各级公安机关应当科学、民主决策，依法履行职责，严格、公正、文明执法，努力从源头上预防和减少信访事项的发生。

各级公安机关应当建立信访问题排查调处制度，及时将可能形成信访事项的问题解决在萌芽状态和初始阶段。

2.《**司法行政机关信访工作办法**》（2018年2月9日）

第六条　司法行政机关应当科学、民主决策，依法履行职责，建立健全矛盾纠纷预防和化解机制，开展重大决策社会稳定风险评估，从源头预防导致信访事项的矛盾和纠纷。

第十一条　【中央信访工作联席会议职责及组成】中央信访工作联席会议在党中央、国务院领导下，负责全国信访工作的统筹协调、整体推进、督促落实，履行下列职责：

（一）研究分析全国信访形势，为中央决策提供参考；

（二）督促落实党中央关于信访工作的方针政策和决策部署；

（三）研究信访制度改革和信访法治化建设重大问题和事项；

（四）研究部署重点工作任务，协调指导解决具有普遍性的信访突出问题；

（五）领导组织信访工作责任制落实、督导考核等工作；

（六）指导地方各级信访工作联席会议工作；

（七）承担党中央、国务院交办的其他事项。

中央信访工作联席会议由党中央、国务院领导同志以及有关部门负责同志担任召集人，各成员单位负责同志参加。中央信访工作联席会议办公室设在国家信访局，承担联席会议的日常工作，督促检查联席会议议定事项的落实。

党内法规

《中共中央办公厅、国务院办公厅关于创新群众工作方法解决信访突出问题的意见》（2013年12月20日　中办发〔2013〕27号）

（十）完善信访联席会议制度。强化各级信访联席会议综合协调、组织推动、督导落实等职能作用，形成整合资源、解决信访突出问题的工作合力。根据实际需要，及时调整成员单位组成和专项工作小组设置，进一步明确各自职责任务，建立健全相关工作制度，特别注重从政策层面研究解决带有倾向性、普遍性和合理性的突出问题。

第十二条　【中央信访工作联席会议工作机制】中央信访工作联席会议根据工作需要召开全体会议或者工作会议。研究涉及信访工作改革发展的重大问题和重要信访事项的处理意见，应当及时向党中央、国务院请示报告。

中央信访工作联席会议各成员单位应当落实联席会议确定的工作任务和议定事项，及时报送落实情况；及时将本领域重大敏感信访问题提请联席会议研究。

党内法规

《中国共产党重大事项请示报告条例》（2019年1月31日）

第三条　本条例适用于下级党组织向上级党组织，以及党员、领导干部向党组织请示报告重大事项相关活动。

本条例所称重大事项，是指超出党组织和党员、领导干部自身职权范围，或者虽在自身职权范围内但关乎全局、影响广泛的重要事情和重要情况，包括党组织贯彻执行党中央决策部署和上级党组织决定、领导经济社会发展事务、落实全面从严治党责任，党员履行义务、行使权利，领导干部行使权力、担负责任的重要事情和重要情况。

本条例所称请示，是指下级党组织向上级党组织，党员、领导干部向党组织就重大事项请求指示或者批准；所称报告，是指下级党组织向上级党组织，党员、领导干部向党组织呈报重要事情和重要情况。

第十三条　【地方各级信访工作联席会议工作机制】 地方各级信访工作联席会议在本级党委和政府领导下，负责本地区信访工作的统筹协调、整体推进、督促落实，协调处理发生在本地区的重要信访问题，指导下级信访工作联席会议工作。联席会议召集人一般由党委和政府负责同志担任。

地方党委和政府应当根据信访工作形势任务，及时调整成员单位，健全规章制度，建立健全信访信息分析研判、重大信访问题协调处理、联合督查等工作机制，提升联席会议工作的科学化、制度化、规范化水平。

根据工作需要，乡镇党委和政府、街道党工委和办事处可以建立信访工作联席会议机制，或者明确党政联席会定期研究本地区信访工作，协调处理发生在本地区的重要信访问题。

党内法规

《中国共产党地方委员会工作条例》（2015 年 12 月 25 日）

第二十五条第三款　党的地方委员会应当加强对同级人大、政府、政协等的领导，建立健全沟通协调机制，及时通报重要情况。注重通过国家机关、政协组织、民主党派、人民团体、基层单位等渠道，就经济社会发展重大问题和涉及群众切身利益实际问题，广泛协商、广集民智、增进共识、增强合力。

第十四条　【各级党委和政府信访部门职责】 各级党委和政府信访部门是开展信访工作的专门机构，履行下列职责：

（一）受理、转送、交办信访事项；

（二）协调解决重要信访问题；

（三）督促检查重要信访事项的处理和落实；

（四）综合反映信访信息，分析研判信访形势，为党委和政府提供决策参考；

（五）指导本级其他机关、单位和下级的信访工作；

（六）提出改进工作、完善政策和追究责任的建议；

（七）承担本级党委和政府交办的其他事项。

各级党委和政府信访部门以外的其他机关、单位应当根据信访工作形势任务，明确负责信访工作的机构或者人员，参照党委和政府信访部门职责，明确相应的职责。

党内法规

《信访工作责任制实施办法》（2016年10月8日）

第四条 各级党政机关应当将信访工作列入议事日程，定期听取工作汇报、分析信访形势、研究解决工作中的重要问题，从人力物力财力上保证信访工作顺利开展；应当科学、民主决策，依法履行职责，从源头上预防和减少导致信访问题的矛盾和纠纷。

党政机关领导班子主要负责人对本地区、本部门、本系统的信访工作负总责，其他成员根据工作分工，对职权范围内的信访工作负主要领导责任。

各级领导干部应当阅批群众来信和网上信访，定期接待群众来访，协调处理疑难复杂信访问题。

第五条 各级党政机关工作部门对属于本部门职权范围内的信访事项，应当依照有关法律法规规定和程序，及时妥善处理。

垂直管理部门负责本系统的信访工作，应当督促下级部门和单位依法、及时、就地解决信访问题。

第六条 地方各级党委和政府在预防和处理本地区信访问题中负有主体责任，应当加强矛盾纠纷排查化解和信访风险防控预警，针对具体问题明确责任归属，协调督促有关责任部门和单位依法、及时、就地解决，并加强对信访群众的疏导教育。

第七条　各级信访部门应当在党委和政府的统一领导下，协调、指导和监督本地区的信访工作，依照法定程序和诉讼与信访分离制度受理、交办、转送和督办信访事项，协调处理重要信访问题，分析研究信访情况，提出改进工作、完善政策和给予处分的建议。

第八条　各级党政机关工作人员在处理信访事项过程中，应当遵守群众纪律，秉公办事、清正廉洁、保守秘密、热情周到。

法律法规

1. **《公安机关信访工作规定》**（2005年8月18日）

第十四条　各级公安机关信访工作机构是本级公安机关负责信访工作的职能部门。其主要职责是：

（一）登记信访事项，并受理属于本级公安机关管辖的信访事项；

（二）对所受理的信访事项按照职责分工转交有关部门、有关警种办理，或者自行办理；

（三）协调办理重要信访事项；

（四）承办上级机关交办的信访事项；

（五）向下级公安机关转送或者交办信访事项，并对其提交的办结报告进行审核；

（六）对信访事项的办理情况书面答复或者告知信访人；

（七）督促、检查、指导本级公安机关其他部门和下级公安机关的信访工作；

（八）对在信访工作中发现民警有违法违纪行为的，向有关部门转交并提出处理建议；

（九）研究、分析信访情况，开展调查研究，及时提出加强、改进公安工作和公安队伍建设的建议。

2. **《人民检察院信访工作规定》**（2007年3月26日 高检发控字〔2007〕1号）

第十三条 控告申诉检察部门在信访工作中的主要职责：

（一）统一受理来信，接待来访；

（二）对所受理的信访事项按照职责分工转送有关部门办理，或者根据有关规定自行办理；

（三）向下级人民检察院转送或者交办信访事项，并进行督办，对下级人民检察院提交的办结报告进行审查；

（四）根据有关规定对信访事项进行初步调查；

（五）对上级机关交办的信访事项进行转办和催办，或者根据有关规定自行办理，并将办理情况报告上级机关；

（六）对信访事项的办理情况书面答复或者告知信访人；

（七）依据有关规定做好化解矛盾、教育疏导工作及相关善后工作；

（八）在信访工作中发现检察人员有违法违纪行为的，及时移送有关部门调查处理；

（九）研究、分析信访情况，开展调查研究，及时提出加强、改进检察工作和队伍建设的建议；

（十）宣传法制，提供有关法律咨询；

（十一）指导下级人民检察院的信访工作。

3. **《人民法院监察工作条例》**（2013年1月31日 法发〔2013〕3号）

第十条 最高人民法院和高级人民法院监察局根据工作需要

设立内设机构，负责信访举报、案件查处、监督检查、审务督察、综合调研等工作。中级人民法院可以根据工作需要参照设立。

4.**《司法行政机关信访工作办法》**（2018 年 2 月 9 日）

第十三条 司法行政机关信访工作机构应当履行下列职责：

（一）登记信访事项，受理属于本机关职责范围的信访事项；

（二）向本机关有关内设机构或者所属单位、下级司法行政机关转办、交办信访事项；

（三）承办上级机关和本级人民政府转办、交办的信访事项；

（四）向信访人宣传有关法律、法规、规章和政策，解答信访咨询；

（五）协调、督促检查信访事项的办理；

（六）研究、分析信访工作情况，定期编写信访工作信息，提出完善制度或者改进工作的建议，向本机关报告；

（七）总结交流信访工作经验，指导下级司法行政机关信访工作机构工作；

（八）向本机关和上一级司法行政机关定期报送信访情况分析统计报告。

第十五条　【其他机关、单位信访工作职责】各级党委和政府以外的其他机关、单位应当做好各自职责范围内的信访工作，按照规定及时受理办理信访事项，预防和化解政策性、群体性信访问题，加强对下级机关、单位信访工作的指导。

各级机关、单位应当拓宽社会力量参与信访工作的制度化渠道，发挥群团组织、社会组织和“两代表一委员”、社会工作者等作用，反映群众意见和要求，引导群众依法理性反映诉求、维护权益，推动矛盾纠纷及时有效化解。

乡镇党委和政府、街道党工委和办事处以及村（社区）“两委”应当全面发挥职能作用，坚持和发展新时代“枫桥经验”，积极协调处理化解发生在当地的信访事项和矛盾纠纷，努力做到小事不出村、大事不出镇、矛盾不上交。

党内法规

1.《中共中央政法委员会关于建立律师参与化解和代理涉法涉诉信访案件制度的意见（试行）》（2015 年 6 月 8 日）

一、建立律师参与化解和代理涉法涉诉信访案件制度的意义

律师是社会主义法律工作者，在全面推进依法治国中具有重要作用。党的十八届四中全会作出了加强律师队伍建设、推动律师法律服务业发展的决策部署。要求广大律师积极参与城乡居民公共法律服务，提供及时有效的法律帮助；建立律师以案释法制度，加强普法宣传教育；实行律师代理司法申诉制度，保障当事人依法行使申诉权。这些举措对律师做好新形势下法律服务工作、履行好社会责任，提出了新要求，对增强全民法治观念，推进法治社会建设具有重要意义。律师参与涉法涉诉信访案件化解和代理工作，为信访群众提供良好法律服务，是落实党的十八届四中全会精神、全面推进依法治国的具体要求和实践。

随着涉法涉诉信访改革推进实施，依法处理涉法涉诉信访工作取得了积极效果，但涉法涉诉信访案件多发、重复访高发、久访不息的问题仍然突出，既加重了信访群众的诉累，又耗费了大量司

法资源，影响正常信访秩序。律师以法律服务者身份参与涉法涉诉信访工作，容易取得信访群众信任，引导信访群众理性表达诉求、依法维护权益；律师是法律“明白人”，既向信访群众讲法明理，又督促政法机关严格依法办案，有利于涉法涉诉信访案件得到依法解决；律师参与化解和代理涉法涉诉信访案件，既是为信访群众提供法律服务，也是提高自身能力素质、彰显社会责任的实践和锻炼。充分发挥律师的独特优势，动员律师积极参与化解和代理涉法涉诉信访案件工作，是推进涉法涉诉信访走向法治的重要途径，是形成良好信访秩序的制度保障。各级政法机关和律师协会要高度重视，积极为律师参与涉法涉诉信访工作创造条件，实现与政法机关的优势互补、良性互动，提高依法解决涉法涉诉信访问题的能力和效果。

第十六条　【信访干部队伍建设】各级党委和政府应当加强信访部门建设，选优配强领导班子，配备与形势任务相适应的工作力量，建立健全信访督查专员制度，打造高素质专业化信访干部队伍。各级党委和政府信访部门主要负责同志应当由本级党委或者政府副秘书长〔办公厅（室）副主任〕兼任。

各级党校（行政学院）应当将信访工作作为党性教育内容纳入教学培训，加强干部教育培训。

各级机关、单位应当建立健全年轻干部和新录用干部到信访工作岗位锻炼制度。

各级党委和政府应当为信访工作提供必要的支持和保障，所需经费列入本级预算。

党内法规

1.《中国共产党党校（行政学院）工作条例》（2019 年 10 月 25 日）

第二十二条 党校（行政学院）教学应当突出党的理论教育和党性教育的主业主课地位。市（地）级以上党校（行政学院）教学安排中，党的理论教育和党性教育课程的比重不低于总课时的 70%。各级党校（行政学院）的主体班次都应当设置党性教育课程，党性教育课程的比重不低于总课时的 20%，强化党章党规党纪教育，1 个月以上的班次应当安排学员进行党性分析。

2.《干部教育培训工作条例》（2015 年 10 月 14 日）

第十二条 干部有接受教育培训的权利和义务。

第十三条 干部教育培训的对象是全体干部，重点是县处级以上党政领导干部和优秀中青年干部。

第十四条 干部应当根据不同情况参加相应的教育培训：

（一）贯彻落实党和国家重大决策部署的集中轮训；

（二）党的基本理论和党性教育的专题培训；

（三）新录（聘）用的初任培训；

（四）晋升领导职务的任职培训；

（五）在职期间的岗位培训；

（六）从事专项工作的专门业务培训；

（七）其他培训。

3.《中共中央、国务院关于进一步加强新时期信访工作的意见》（2007 年 3 月 10 日 中发〔2007〕5 号）

（二十二）切实加强信访部门领导班子和干部队伍建设。各级党委、政府要高度重视信访部门领导班子和干部队伍建设，配齐配强领导力量，优化班子结构，努力培养造就一支政治坚定、纪律严明、办事公道、作风优良、熟悉法律法规和政策、拥有丰富群众工作经验、具备较强社会管理能力的信访干部队伍。要加大信访干部的培养、教育、使用和交流力度，对政治素质好、业务能力强、工作业绩突出的，要予以重用；对长期从事信访工作、作出突出贡献的，要给予表彰和奖励；对信访系统先进事迹，要及时总结推广，树立好的典型，倡导好的作风。要进一步探索建立后备干部和新提拔干部到信访部门锻炼的制度，把信访部门作为培养锻炼干部的重要基地。中央信访工作机构要研究制定信访工作人才队伍的培养规划。要高度重视信访部门基础建设，进一步加大对信访工作的投入，建设好群众上访接待场所，改善信访部门的办公条件；信访工作办公经费和处理信访事项的业务经费列入财政预算，予以保证。广大信访干部要切实增强为人民服务的宗旨意识，继续发扬信访工作的优良传统，扎扎实实地做好新时期的信访工作，为全面建设小康社会、构建社会主义和谐社会需努力奋斗。

第三章　信访事项的提出和受理

第十七条　【信访事项的提出及信访人】公民、法人或者其他组织可以采用信息网络、书信、电话、传真、走访等形式，向各级机关、单位反映情况，提出建议、意见或者投诉请求，有关机关、单位应当依规依法处理。

采用前款规定的形式，反映情况，提出建议、意见或者投诉请求的公民、法人或者其他组织，称信访人。

党内法规

《中共中央办公厅、国务院办公厅关于创新群众工作方法解决信访突出问题的意见》（2013 年 12 月 20 日　中办发〔2013〕27 号）

二、进一步畅通和规范群众诉求表达渠道

（五）健全公开透明的诉求表达和办理方式。完善民生热线、视频接访、绿色邮政、信访代理等做法，更加重视群众来信尤其是初次来信办理，引导群众更多以书信、电话、传真、视频、电子邮件等形式表达诉求，树立通过上述形式也能有效解决问题的导向。实行网上受理信访制度，大力推行阳光信访，全面推进信访信息化建设，建立网下办理、网上流转的群众信访事项办理程序，实现办理过程和结果可查询、可跟踪、可督办、可评价，增强透明度和公正性；逐步推行信访事项办理群众满意度评价，把办理工作置于群众监督之下，提高信访公信力。

法律法规

1.《人民检察院信访工作规定》（2007年3月26日　高检发控字〔2007〕1号）

第二条　本规定所称信访，是指信访人采用书信、电子邮件、传真、电话、走访等形式，向人民检察院反映情况，提出建议、意见或者控告、举报和申诉，依法由人民检察院处理的活动。

本规定所称信访人，是指采用前款规定的形式，反映情况，提出建议、意见或者控告、举报和申诉的公民、法人或者其他组织。

2.《司法行政机关信访工作办法》（2018年2月9日）

第二条　本办法所称信访，是指公民、法人和其他非法人组织采取书信、电子邮件、传真、电话、走访等形式，向司法行政机关反映情况，提出建议、意见或者投诉请求，依法由司法行政机关处理的活动。

本办法所称信访人，是指采用前款规定的形式，向司法行政机关反映情况，提出建议、意见或者投诉请求的公民、法人和其他非法人组织。

第十八条　【信访相关事项公开、接访工作和信访人保护】各级机关、单位应当向社会公布网络信访渠道、通信地址、咨询投诉电话、信访接待的时间和地点、查询信访事项处理进展以及结果的方式等相关事项，在其信访接待场所或者网站公布与信访工作有关的党内法规和法律、法规、规章，信访事项的处理程序，以及其他为信访人提供便利的相关事项。

各级机关、单位领导干部应当阅办群众来信和网上信访、定期接待群众来访、定期下访，包案化解群众反映强烈的突出问题。

市、县级党委和政府应当建立和完善联合接访工作机制，根据工作需要组织有关机关、单位联合接待，一站式解决信访问题。

任何组织和个人不得打击报复信访人。

党内法规

《中共中央、国务院关于进一步加强新时期信访工作的意见》
(2007 年 3 月 10 日　中发〔2007〕5 号)

（九）完善信访诉求表达方式。要充分尊重和保护人民群众的信访权利，对群众来访要坚持文明热情接待，对群众来信要认真负责办理，坚决纠正限制和干涉群众正常信访活动的错误做法，确保信访渠道畅通。要通过开通信访绿色邮政、专线电话、网上信访等多种渠道，引导群众更多地以书信、传真、电子邮件等书面形式表达诉求，确保民情、民意、民智顺畅上达。建立全国信访信息系统，设立国家投诉受理中心，为群众反映问题、提出意见建议、查询办理情况提供便利条件，为督查信访工作提供工作平台，确保群众诉求得到及时反映和有效处理。

（十一）大力推行领导干部接待群众来访制度。要认真坚持党政领导干部阅批群众来信、定期接待群众来访、带案下访和包案处理信访问题等制度。完善党政领导干部和党代会代表、人大代表、政协委员联系信访群众制度，拓宽社情民意表达渠道。各级领导干部要坚持经常深入基层、深入群众，开展调查研究，倾听群众意见，了解群众愿望，关心群众疾苦，及时为群众排忧解难。

法律法规

1.**《中华人民共和国宪法》**（2018 年 3 月 11 日）

第四十一条　中华人民共和国公民对于任何国家机关和国家工作人员，有提出批评和建议的权利；对于任何国家机关和国家工作人员的违法失职行为，有向有关国家机关提出申诉、控告或者检举的权利，但是不得捏造或者歪曲事实进行诬告陷害。

对于公民的申诉、控告或者检举，有关国家机关必须查清事实，负责处理。任何人不得压制和打击报复。

由于国家机关和国家工作人员侵犯公民权利而受到损失的人，有依照法律规定取得赔偿的权利。

2.**《中华人民共和国政府信息公开条例》**（2019 年 4 月 3 日）

第三十九条　申请人以政府信息公开申请的形式进行信访、投诉、举报等活动，行政机关应当告知申请人不作为政府信息公开申请处理并可以告知通过相应渠道提出。

申请人提出的申请内容为要求行政机关提供政府公报、报刊、书籍等公开出版物的，行政机关可以告知获取的途径。

3.**《全面推进依法行政实施纲要》**（2004 年 3 月 22 日　国发〔2004〕10 号）

26. 切实解决人民群众通过信访举报反映的问题。要完善信访制度，及时办理信访事项，切实保障信访人、举报人的权利和人身安全。任何行政机关和个人不得以任何理由或者借口压制、限制人民群众信访和举报，不得打击报复信访和举报人员，不得将信访、举报材料及有关情况透露或者转送给被举报人。对可以通过复议、诉讼等法律程序解决的信访事项，行政机关应当告知信访人、举报人申请复议、提起诉讼的权利，积极引导当事人通过法律途径解决。

4.《**公安机关信访工作规定**》(2005年8月18日)

第六条 各级公安机关负责人应当阅批来信、接待来访、听取信访工作汇报，研究解决信访工作中的问题。地级、县级公安机关必须建立公安局长信访接待日制度，直接处理信访问题。

各级公安机关负责人或者其指定人员，可以就信访人反映突出的问题到信访人居住地与信访人面谈沟通。

第十条 公安机关及其人民警察依法保护信访人的合法权益，对信访人提出的属于本级公安机关管辖范围的信访事项应当受理，不得推诿、敷衍、拖延；不得歧视、刁难和打击报复信访人；不得将信访人的检举、揭发材料或者有关情况透露给被检举、揭发的人员或者单位。

5.《**司法行政机关信访工作办法**》(2018年2月9日)

第五条 司法行政机关应当建立健全联系群众制度，负责人应当通过阅批重要来信、接待重要来访、定期听取信访工作汇报等方式，听取群众意愿，了解社情民意，研究解决信访工作中的突出问题。

第十九条　【提出信访事项的具体要求】 信访人一般应当采用书面形式提出信访事项，并载明其姓名（名称）、

住址和请求、事实、理由。对采用口头形式提出的信访事项，有关机关、单位应当如实记录。

信访人提出信访事项，应当客观真实，对其所提供材料内容的真实性负责，不得捏造、歪曲事实，不得诬告、陷害他人。

信访事项已经受理或者正在办理的，信访人在规定期限内向受理、办理机关、单位的上级机关、单位又提出同一信访事项的，上级机关、单位不予受理。

法律法规

1.**《中华人民共和国宪法》**（2018年3月11日）

第三十八条　中华人民共和国公民的人格尊严不受侵犯。禁止用任何方法对公民进行侮辱、诽谤和诬告陷害。

2.**《司法行政机关信访工作办法》**（2018年2月9日）

第十七条　信访人向司法行政机关提出信访事项，一般应当采用书信、电子邮件、传真等书面形式。信访人提出投诉请求的，还应当载明信访人的姓名（名称）、性别、身份证号码、联系方式、住址和请求、事实、理由。

对采用口头形式提出的投诉请求，司法行政机关应当记录信访人的姓名（名称）、性别、身份证号码、联系方式、住址和请求、事实、理由。

第二十条　【采用走访形式提出信访事项的具体要求】信访人采用走访形式提出信访事项的，应当到有权处理的本级或者上一级机关、单位设立或者指定的接待场所提出。

信访人采用走访形式提出涉及诉讼权利救济的信访事项，应当按照法律法规规定的程序向有关政法部门提出。

多人采用走访形式提出共同的信访事项的，应当推选代表，代表人数不得超过5人。

各级机关、单位应当落实属地责任，认真接待处理群众来访，把问题解决在当地，引导信访人就地反映问题。

党内法规

《中共中央、国务院关于进一步加强新时期信访工作的意见》
（2007年3月10日　中发〔2007〕5号）

（七）着力解决信访突出问题。要把解决信访突出问题作为工作重点，按照“属地管理、分级负责”，“谁主管、谁负责”，“依法、及时、就地解决问题与疏导教育相结合”的信访工作原则，切实把信访突出问题妥善处理在本地区本部门、解决在基层。当前，尤其是要着力解决好土地征收征用、城市建设拆迁、环境保护、企业重组改制和破产、涉法涉诉等方面群众反映强烈的问题。要组织有权处理信访问题的责任部门积极开展联合接访，促进重大疑难突出问题的解决。要高度重视涉法涉诉信访问题的解决。各级司法部门、行政执法部门要切实履行职责，严格公正执法，妥善解决信访人的合理诉求。各级党委政法委要加强协调指导和督促检查，认真解决好群众反映强烈的有法不依、执法不公等问题。

法律法规

1. **《人民检察院信访工作规定》**（2007 年 3 月 26 日　高检发控字〔2007〕1 号）

第二十三条　信访人采用走访形式提出信访事项的，负责接待的工作人员应当制作笔录，载明信访人的姓名或者名称、单位、住址和信访事项的具体内容，经宣读或者交信访人阅读无误后，由信访人和负责接待的工作人员签名或者盖章。对信访人提供的控告、举报、申诉材料认为内容不清的，应当要求信访人补充。

多人采用走访形式提出同一信访事项的，应当要求信访人推选代表，代表人数不超过五人。

接受控告、举报线索的工作人员，应当告知信访人须对其控告、举报内容的真实性负责，不得捏造、歪曲事实，不得诬告陷害、诽谤他人，以及诬告陷害、诽谤他人应负的法律责任。

2. **《司法行政机关信访工作办法》**（2018 年 2 月 9 日）

第十八条　信访人采用走访形式提出信访事项的，应当持本人有效身份证件到司法行政机关设立或者指定的接待场所提出。

多人采用走访形式提出共同的信访事项的，应当推选代表，代表人数不得超过 5 人。

第二十一条　**【信访工作信息化、智能化建设】**各级党委和政府应当加强信访工作信息化、智能化建设，依规依法有序推进信访信息系统互联互通、信息共享。

各级机关、单位应当及时将信访事项录入信访信息系统，使网上信访、来信、来访、来电在网上流转，方便信访人查询、评价信访事项办理情况。

党内法规

《中共中央、国务院关于进一步加强新时期信访工作的意见》（2007年3月10日　中发〔2007〕5号）

（十六）建立健全信访信息汇集分析机制。要健全和完善多层次、全方位的信息报送网络，确保信息传递渠道畅通。要及时、准确、全面、有效地报送信访信息，不得迟报、漏报和瞒报。要综合开发利用信息资源，进一步提高分析研判水平，增强工作的预见性和针对性，牢牢把握工作主动权。

法律法规

1. **《公安机关信访工作规定》**（2005年8月18日）

第十二条　公安机关应当充分利用现有信息网络资源，逐步建立全国公安信访信息系统，并逐步实现与同级人民政府信访工作机构、上级和下级公安机关信访信息的互联互通。

2. **《人民检察院信访工作规定》**（2007年3月26日　高检发控字〔2007〕1号）

第十六条　人民检察院应当加强信访信息化建设，建立和完善信访信息系统，逐步实现各级人民检察院之间、人民检察院与其他国家机关之间信访信息的互联互通，方便人民群众提出诉求，查询办理进度和结果，提高信访工作效率和信访管理水平。

3.《司法行政机关信访工作办法》（2018年2月9日）

第十六条 司法行政机关应当充分利用政务信息网络资源，建立网络信访工作平台，运用信访信息系统，为信访人通过网络提出信访事项、查询信访事项办理情况提供便利，提高信访工作信息化水平。

第二十二条 【各级党委和政府信访部门收到信访事项的处理】 各级党委和政府信访部门收到信访事项，应当予以登记，并区分情况，在15日内分别按照下列方式处理：

（一）对依照职责属于本级机关、单位或者其工作部门处理决定的，应当转送有权处理的机关、单位；情况重大、紧急的，应当及时提出建议，报请本级党委和政府决定。

（二）涉及下级机关、单位或者其工作人员的，按照“属地管理、分级负责，谁主管、谁负责”的原则，转送有权处理的机关、单位。

（三）对转送信访事项中的重要情况需要反馈办理结果的，可以交由有权处理的机关、单位办理，要求其在指定办理期限内反馈结果，提交办结报告。

各级党委和政府信访部门对收到的涉法涉诉信件，应当转送同级政法部门依法处理；对走访反映涉诉问题的信访人，应当释法明理，引导其向有关政法部门反映问题。对属于纪检监察机关受理的检举控告类信访事项，应当按照管理权限转送有关纪检监察机关依规依纪依法处理。

法律法规

1.《公安机关信访工作规定》（2005 年 8 月 18 日）

第二十二条　各级公安机关信访工作机构接到信访事项后，应当做好登记，并区分情况，在 15 日内按下列方式处理：

（一）对不属于公安机关职权范围的信访事项，或者依法应当通过诉讼、仲裁、行政复议等法定途径解决的信访事项，不予受理，并告知信访人向有关机关提出或者依照法定程序提出；

（二）对属于本级公安机关管辖的信访事项，予以受理，并根据所反映问题的性质、内容确定办理单位；

（三）对属于下级公安机关管辖的信访事项，应当转送下级公安机关。对其中的重要信访事项，可以向下级公安机关进行交办，要求其在规定的期限内反馈结果，并提交办结报告。下级公安机关应当自收到转送、交办的信访事项之日起 15 日内决定是否受理，并书面告知信访人。

地级以上公安机关信访工作机构应当定期向下一级公安机关信访工作机构通报转送信访事项情况；下级公安机关信访工作机构应当定期向上一级公安机关信访工作机构报告转送信访事项的办理情况。

第二十三条　公安机关信访工作机构接到信访事项后，能够当场告知是否受理的，应当当场书面告知信访人；不能当场告知的，应当自接到信访事项之日起 15 日内书面告知信访人。但是，信访人姓名（名称）、住址不清的除外。

2.《人民检察院信访工作规定》（2007 年 3 月 26 日　高检发控字〔2007〕1 号）

第二十九条　信访事项应当逐件摘要录入计算机，在受理后七日内按照管辖和部门职能分工转送下级人民检察院或者本院有关部门办理。对于转送本院有关部门办理的控告、举报、申诉，应当逐件附《控告、申诉首办流程登记表》。

对于重要信访事项应当提出意见，经部门负责人审核后报检察长阅批。

对于告急信访事项应当在接收当日依法处理。

第三十二条　属于本院管辖的信访事项，能够当场答复是否受理的，应当当场书面答复；不能当场答复的，应当自收到信访事项之日起十五日内书面告知信访人，但是信访人的姓名（名称）、住址不清的除外。

不属于本院管辖的信访事项，应当转送有关主管机关处理，并告知信访人。

3. **《司法行政机关信访工作办法》**（2018年2月9日）

第二十条　司法行政机关信访工作的受理范围根据本机关的职责范围确定。

司法行政机关信访工作机构收到信访事项，在15日内按照下列方式处理：

（一）属于本级司法行政机关工作职责范围的信访事项，应当直接受理，并根据所反映问题的性质、内容确定办理机构。对于反映司法行政机关及其工作人员违法违纪行为的信访事项，转交有关纪检监察机关或者部门；

（二）信访事项涉及下级司法行政机关的，应当转送下级司法行政机关办理。对其中的重要信访事项，可以向下级司法行政机关进行交办，要求其在规定的期限内反馈结果，并提交办结报告；

（三）属于本级司法行政机关所属单位办理的信访事项，应当转送相关单位办理或者向相关单位进行交办；

（四）已经或者依法应当通过诉讼、仲裁、行政复议、国家赔偿、法律服务执业投诉等法定途径解决的信访事项，应当告知信访人按照有关规定向有关机关、单位提出；

（五）依法不属于司法行政机关职责范围的事项，应当告知信访人向有权处理的机关提出。

第二十一条　司法行政机关信访工作机构能够当场受理信访事项的，应当当场受理并出具受理通知；不能当场受理的，应当自收到信访事项之日起15日内决定是否受理，并书面告知信访人，但重复信访、信访人的姓名（名称）、住址和联系方式不清楚的除外。

第二十三条　【其他机关、单位收到信访事项的处理】 党委和政府信访部门以外的其他机关、单位收到信访人直接提出的信访事项，应当予以登记；对属于本机关、单位职权范围的，应当告知信访人接收情况以及处理途径和程序；对属于本系统下级机关、单位职权范围的，应当转送、交办有权处理的机关、单位，并告知信访人转送、交办去向；对不属于本机关、单位或者本系统职权范围的，应当告知信访人向有权处理的机关、单位提出。

对信访人直接提出的信访事项，有关机关、单位能够当场告知的，应当当场书面告知；不能当场告知的，应当自收到信访事项之日起15日内书面告知信访人，但信访人的姓名（名称）、住址不清的除外。

对党委和政府信访部门或者本系统上级机关、单位转送、交办的信访事项，属于本机关、单位职权范围的，有关机关、单位应当自收到之日起15日内书面告知信访人接收情况以及处理途径和程序；不属于本机关、单位或者本系统职权范围的，有关机关、单位应当自收到之日起5个工作日内提出异议，并详细说明理由，经转送、交办的信访部门或者上级机关、单位核实同意后，交还相关材料。

政法部门处理涉及诉讼权利救济事项、纪检监察机关处理检举控告事项的告知按照有关规定执行。

第二十四条　【涉及多个单位的信访事项的协调处理】 涉及两个或者两个以上机关、单位的信访事项，由所涉及的机关、单位协商受理；受理有争议的，由其共同的上一级机关、单位决定受理机关；受理有争议且没有共同的上一级机关、单位的，由共同的信访工作联席会议协调处理。

应当对信访事项作出处理的机关、单位分立、合并、撤销的，由继续行使其职权的机关、单位受理；职责不清的，由本级党委和政府或者其指定的机关、单位受理。

第二十五条　【对重大、紧急信访事项和信访信息的处理】 各级机关、单位对可能造成社会影响的重大、紧急信访事项和信访信息，应当及时报告本级党委和政府，通报相关主管部门和本级信访工作联席会议办公室，在职责范围内依法及时采取措施，防止不良影响的产生、扩大。

地方各级党委和政府信访部门接到重大、紧急信访事项和信访信息，应当向上一级信访部门报告，同时报告国家信访局。

党内法规

《中国共产党重大事项请示报告条例》（2019年1月31日）

第十四条 党组织应当向上级党组织报告下列事项：

（一）学习贯彻习近平新时代中国特色社会主义思想，统筹推进“五位一体”总体布局和协调推进“四个全面”战略布局的重要情况；

（二）党中央以及上级党组织重要会议、重要文件、重大决策部署贯彻落实情况，习近平总书记重要指示批示贯彻落实情况，上级党组织负责同志交办事项的研究办理情况；

（三）加强党的建设，履行全面从严治党责任，包括集中学习教育活动、意识形态工作、党组织设置及隶属关系调整、民主生活会、党风廉政建设、落实中央八项规定精神、党员干部直接联系群众、巡视巡察整改、发现重大违纪违法问题等情况；

（四）全面工作总结和计划；

（五）重大专项工作开展情况；

（六）重大敏感事件、突发事件和群体性事件应对处置情况；

（七）经济社会发展中出现的重要情况和重大舆情；

（八）本地区、本部门、本单位工作中具有在更大范围推广价值的经验做法和意见建议；

（九）其他应当报告的重大事项。

下列事项不必向上级党组织报告：具体事务性工作；没有实质性内容的表态和情况反映等。

法律法规

1.《**公安机关信访工作规定**》（2005年8月18日）

第七条　各级公安机关应当建立重大信访信息报告和处理制度。

对于重大、紧急信访事项和信访信息不得隐瞒、谎报、缓报，或者授意他人隐瞒、谎报、缓报。

对于可能造成社会影响的重大、紧急信访事项和信访信息，有关公安机关应当在职责范围内依法、及时采取措施，防止不良影响的产生、扩大。

2.《**人民检察院信访工作规定**》（2007年3月26日　高检发控字〔2007〕1号）

第九条　各级人民检察院应当建立重大信访信息报告制度，不得隐瞒、谎报、缓报重大信访信息。下列重大信访信息应当及时向检察长报告：

（一）受理信访事项的综合和分类数据；

（二）群众反映强烈的突出问题；

（三）重大、紧急的信访事项；

（四）转送、催办和交办、督办情况；

（五）重大信访事项办结后，进行调查研究，查找执法环节和检察队伍建设、制度落实等方面存在的突出问题，提出改进检察工作的建议。

第二十六条　**【信访人的禁止行为】**信访人在信访过程中应当遵守法律、法规，不得损害国家、社会、集体的利益和其他公民的合法权利，自觉维护社会公共秩序和信访秩序，不得有下列行为：

（一）在机关、单位办公场所周围、公共场所非法聚集，围堵、冲击机关、单位，拦截公务车辆，或者堵塞、阻断交通；

（二）携带危险物品、管制器具；

（三）侮辱、殴打、威胁机关、单位工作人员，非法限制他人人身自由，或者毁坏财物；

（四）在信访接待场所滞留、滋事，或者将生活不能自理的人弃留在信访接待场所；

（五）煽动、串联、胁迫、以财物诱使、幕后操纵他人信访，或者以信访为名借机敛财；

（六）其他扰乱公共秩序、妨害国家和公共安全的行为。

法律法规

《公安部关于公安机关处置信访活动中违法犯罪行为适用法律的指导意见》（2013年7月19日　公通字〔2013〕25号）

为保护信访人的合法权益，维护正常的信访秩序和社会秩序，依法处置信访活动中的违法犯罪行为，根据《刑法》、《治安管理处罚法》、《集会游行示威法》、《人民警察法》和《信访条例》等法律法规，制定本指导意见。

一、对扰乱信访工作秩序违法犯罪行为的处理

1. 违反《信访条例》第十六条、第十八条规定，越级走访，或者多人就同一信访事项到信访接待场所走访，拒不按照《信访条例》第十八条第二款的规定推选代表，经有关国家机关工作人

员劝阻、批评和教育无效的，依据《信访条例》第四十七条第二款规定，公安机关予以警告、训诫或者制止；符合《治安管理处罚法》第二十三条第一款第一项、第二款规定的，以扰乱单位秩序、聚众扰乱单位秩序依法予以治安管理处罚。

2. 违反《信访条例》第十四条、第十五条、第三十四条和第三十五条规定，拒不通过法定途径提出投诉请求，不依照法定程序请求信访事项复查、复核，或者信访诉求已经依法解决，仍然以同一事实和理由提出投诉请求，在信访接待场所多次缠访，经有关国家机关工作人员劝阻、批评和教育无效的，依据《信访条例》第四十七条第二款规定，公安机关予以警告、训诫或者制止；符合《治安管理处罚法》第二十三条第一款第一项规定的，以扰乱单位秩序依法予以治安管理处罚。

3. 在信访接待场所滞留、滋事，或者将年老、年幼、体弱、患有严重疾病、肢体残疾等生活不能自理的人弃留在信访接待场所，经有关国家机关工作人员劝阻、批评和教育无效的，依据《信访条例》第四十七条第二款规定，公安机关予以警告、训诫或者制止；符合《治安管理处罚法》第二十三条第一款第一项规定的，以扰乱单位秩序依法予以治安管理处罚。

4. 在信访接待场所摆放花圈、骨灰盒、遗像、祭品，焚烧冥币，或者停放尸体，不听有关国家机关工作人员劝阻、批评和教育，扰乱信访工作秩序，符合《治安管理处罚法》第二十三条第一款第一项、第六十五条第二项规定的，以扰乱单位秩序、违法停放尸体依法予以治安管理处罚。

5. 煽动、串联、胁迫、诱使他人采取过激方式表达诉求，扰乱信访工作秩序，符合《治安管理处罚法》第二十三条第一款第一项、第二款规定的，以扰乱单位秩序、聚众扰乱单位秩序依法予以治安管理处罚。

6. 聚众扰乱信访工作秩序，情节严重，符合《刑法》第二百九十条第一款规定的，对首要分子和其他积极参加者以聚众扰乱社会秩序罪追究刑事责任。

二、对危害公共安全违法犯罪行为的处理

1. 为制造社会影响、发泄不满情绪、实现个人诉求，驾驶机动车在公共场所任意冲闯，危害公共安全，符合《刑法》第一百一十四条、第一百一十五条第一款规定的，以以危险方法危害公共安全罪追究刑事责任。

2. 以递交信访材料、反映问题等为由，非法拦截、强登、扒乘机动车或者其他交通工具，或者乘坐交通工具时抛撒信访材料，影响交通工具正常行驶，符合《治安管理处罚法》第二十三条第一款第四项规定的，以妨碍交通工具正常行驶依法予以治安管理处罚。

3. 在信访接待场所、其他国家机关或者公共场所、公共交通工具上非法携带枪支、弹药、弓弩、匕首等管制器具，或者爆炸性、毒害性、放射性、腐蚀性等危险物质的，应当及时制止，收缴枪支、弹药、管制器具、危险物质；符合《治安管理处罚法》第三十二条、第三十条规定的，以非法携带枪支、弹药、管制器具、非法携带危险物质依法予以治安管理处罚；情节严重，符合《刑法》第一百三十条规定的，以非法携带枪支、弹药、管制刀具、危险物品危及公共安全罪追究刑事责任。

4. 采取放火、爆炸或者以其他危险方法自伤、自残、自杀，危害公共安全，符合《刑法》第一百一十四条和第一百一十五条第一款规定的，以放火罪、爆炸罪、以危险方法危害公共安全罪追究刑事责任。

三、对侵犯人身权利、财产权利违法犯罪行为的处理

1. 殴打他人或者故意伤害他人身体，符合《治安管理处罚法》第四十三条规定的，以殴打他人、故意伤害依法予以治安管理处罚；符合《刑法》第二百三十四条规定的，以故意伤害罪追究刑事责任。明知患有艾滋病或者其他严重传染疾病，故意以撕咬、抓挠等方式伤害他人，符合《刑法》第二百三十四条规定的，以故意伤害罪追究刑事责任。

2. 采取口头、书面等方式公然侮辱、诽谤他人，符合《治安管理处罚法》第四十二条第二项规定的，以侮辱、诽谤依法予以治安管理处罚；侮辱、诽谤情节严重，被害人要求公安机关立案侦查的，应当严格执行《公安部关于严格依法办理侮辱诽谤案件的通知》的规定，除严重危害社会秩序和国家利益的由公安机关立案侦查外，应当将有关案件材料移送人民法院，同时告知被害人自行向人民法院起诉。

3. 写恐吓信或者以其他方法威胁他人人身安全，或者多次发送侮辱、恐吓或者其他信息，干扰他人正常生活，符合《治安管理处罚法》第四十二条第一项、第五项规定的，以威胁人身安全、发送信息干扰正常生活依法予以治安管理处罚。

4. 偷窥、偷拍、窃听、散布他人隐私，符合《治安管理处罚法》第四十二条第六项规定的，以侵犯隐私依法予以治安管理处罚；情节严重，符合《刑法》第二百五十三条之一第二款规定的，以非法获取公民个人信息罪追究刑事责任。

5. 捏造、歪曲事实诬告陷害他人，企图使他人受到刑事追究或者受到治安管理处罚，符合《治安管理处罚法》第四十二条第三项规定的，以诬告陷害依法予以治安管理处罚；符合《刑法》第二百四十三条规定的，以诬告陷害罪追究刑事责任。

6. 在信访接待场所或者其他公共场所故意裸露身体，情节恶劣，符合《治安管理处罚法》第四十四条规定的，以在公共场所故意裸露身体予以治安管理处罚。

7. 故意损毁公私财物，符合《治安管理处罚法》第四十九条规定的，以故意损毁财物依法予以治安管理处罚；符合《刑法》第二百七十五条规定的，以故意毁坏财物罪追究刑事责任。

8. 以制造社会影响、采取极端闹访行为、持续缠访闹访等威胁、要挟手段，敲诈勒索，符合《治安管理处罚法》第四十九条规定的，以敲诈勒索依法予以治安管理处罚；符合《刑法》第二百七十四条规定的，以敲诈勒索罪追究刑事责任。

9. 以帮助信访为名骗取他人公私财物，符合《治安管理处罚法》第四十九条规定的，以诈骗依法予以治安管理处罚；符合《刑法》第二百六十六条规定的，以诈骗罪追究刑事责任。

四、对妨害社会管理秩序违法犯罪行为的处理

1. 在国家机关办公场所周围实施静坐，张贴、散发材料，呼喊口号，打横幅，穿着状衣、出示状纸，扬言自伤、自残、自杀等行为或者非法聚集，经有关国家机关工作人员劝阻、批评和教育无效的，依据《信访条例》第四十七条第二款规定，公安机关予以警告、训诫或者制止，收缴相关材料和横幅、状纸、状衣等物品；符合《治安管理处罚法》第二十三条第一款第一项、第二款规定的，以扰乱单位秩序、聚众扰乱单位秩序依法予以治安管理处罚；符合《刑法》第二百九十条第一款规定的，对非法聚集的首要分子和其他积极参加者以聚众扰乱社会秩序罪追究刑事责任；聚集多人围堵、冲击国家机关，扰乱国家机关正常秩序，符合《刑法》第二百九十条第二款规定的，对首要分子和其他积极参加者以聚众冲击国家机关罪追究刑事责任。

2. 在车站、码头、商场、公园、广场等公共场所张贴、散发材料，呼喊口号，打横幅，穿着状衣、出示状纸，或者非法聚集，以及在举办文化、体育等大型群众性活动或者国内、国际重大会议期间，在场馆周围、活动区域或者场内实施前述行为，经劝阻、批评和教育无效的，依据《信访条例》第四十七条第二款规定，公安机关予以警告、训诫或者制止，收缴相关材料和横幅、状纸、状衣等物品；符合《治安管理处罚法》第二十三条第一款第二项、第二款或者第二十四条第一款第一项、第三项、第五项规定的，以扰乱公共场所秩序、聚众扰乱公共场所秩序或者强行进入大型活动场所内、在大型活动场所内展示侮辱性物品、向大型活动场所内投掷杂物依法予以治安管理处罚；聚众扰乱公共场所秩序，抗拒、阻碍国家治安管理工作人员依法执行职务，情节严重，符合《刑法》第二百九十一条规定的，对首要分子以聚众扰乱公共场所秩序罪追究刑事责任。

3. 在信访接待场所、其他国家机关门前或者交通通道上堵塞、阻断交通或者非法聚集，影响交通工具正常行驶，符合《治安管理处罚法》第二十三条第一款第四项、第二款规定的，以妨碍交通工具正常行驶、聚众妨碍交通工具正常行驶依法予以治安管理处罚；符合《刑法》第二百九十一条规定的，对首要分子以聚众扰乱交通秩序罪追究刑事责任。

4. 在外国使领馆区、国际组织驻华机构所在地实施静坐，张贴、散发材料，呼喊口号，打横幅，穿着状衣、出示状纸等行为或者非法聚集的，应当立即制止，根据《人民警察法》第八条规定，迅速带离现场，并收缴相关材料和横幅、状纸、状衣等物品；符合《治安管理处罚法》第二十三条第一款第一项、第二款规定的，以扰乱公共场所秩序、聚众扰乱公共场所秩序依法予以治安管理处罚；符合《刑法》第二百九十条第一款规定的，对首要分子和其他积极参加者以聚众扰乱社会秩序罪追究刑事责任。

5. 煽动、策划非法集会、游行、示威，不听劝阻，符合《治安管理处罚法》第五十五条规定的，以煽动、策划非法集会、游行、示威依法予以治安管理处罚；举行集会、游行、示威活动未经主管机关许可，未按照主管机关许可的目的、方式、标语、口号、起止时间、地点、路线进行，或者在进行中出现危害公共安全、破坏社会秩序情形的，根据《集会游行示威法》第二十七条规定予以制止、命令解散；不听制止，拒不解散的，依法强行驱散、强行带离现场或者立即予以拘留；符合《集会游行示威法》第二十八条规定的，对其负责人和直接责任人员依法予以警告或者拘留；拒不服从解散命令，符合《刑法》第二百九十六条规定的，对负责人和直接责任人员，以非法集会、游行、示威罪追究刑事责任。集会游行示威过程中实施其他违法犯罪行为的，依法追究法律责任。

6. 实施跳河、跳楼、跳桥，攀爬建筑物、铁塔、烟囱、树木，或者其他自伤、自残、自杀行为，制造社会影响的，应当积极组织解救；符合《治安管理处罚法》第二十三条第一款第一项、第二项规定的，以扰乱单位秩序、扰乱公共场所秩序依法予以治安管理处罚；符合《刑法》第二百九十条第一款规定的，对首要分子和其他积极参加者以聚众扰乱社会秩序罪追究刑事责任；符合《刑法》第二百九十一条规定的，对首要分子以聚众扰乱公共场所秩序罪追究刑事责任。

7. 乘坐公共交通工具拒不按照规定购票，或者采取其他方式无理取闹，符合《治安管理处罚法》第二十三条第一款第三项规定的，以扰乱公共交通工具上的秩序依法予以治安管理处罚。

8. 散布谣言，谎报险情、疫情、警情，投放虚假的爆炸性、毒害性、放射性、腐蚀性物质或者传染病病原体等危险物质，扬言实施放火、爆炸、投放危险物质，制造社会影响、扰乱公共秩序，符合《治安管理处罚法》第二十五条规定的，以虚构事实扰乱公共秩序、投放虚假危险物质扰乱公共秩序、扬言实施放火、爆炸、投放危险物质扰乱公共秩序依法予以治安管理处罚；符合《刑法》第二百九十一条之一规定的，以投放虚假危险物质罪、编造、故意传播虚假恐怖信息罪追究刑事责任。

9. 阻碍国家机关工作人员依法执行职务，强行冲闯公安机关设置的警戒带、警戒区，或者阻碍执行紧急任务的消防车、救护车、工程抢险车、警车等车辆通行，符合《治安管理处罚法》第五十条第一款第二项、第三项、第四项规定的，以阻碍执行职务、阻碍特种车辆通行、冲闯警戒带、警戒区依法予以治安管理处罚；阻碍人民警察依法执行职务的，从重处罚；使用暴力、威胁方法阻碍国家机关工作人员依法执行职务，符合《刑法》第二百七十七条规定的，以妨害公务罪追究刑事责任。

10. 任意损毁、占用信访接待场所、国家机关或者他人财物，符合《治安管理处罚法》第二十六条第三项规定的，以寻衅滋事依法予以治安管理处罚；符合《刑法》第二百九十三条规定的，以寻衅滋事罪追究刑事责任。

11. 煽动群众暴力抗拒国家法律、行政法规实施，符合《刑法》第二百七十八条规定的，以煽动暴力抗拒法律实施罪追究刑事责任。

五、对利用计算机信息网络实施违法犯罪行为的处理

通过网站、论坛、博客、微博、微信等制作、复制、传播有关信访事项的虚假消息，煽动、组织、策划非法聚集、游行、示

威活动，编造险情、疫情、警情，扬言实施爆炸、放火、投放危险物质或者自伤、自残、自杀等，符合《计算机信息网络国际联网安全保护管理办法》第二十条规定的，依法予以警告、罚款或者其他处罚；符合《治安管理处罚法》、《刑法》有关规定的，依法追究法律责任。在收集、固定证据后，要依法及时删除网上有害信息。

对在信访活动中或者以信访为名，实施本指导意见所列以外其他违法犯罪行为的，依照有关法律、法规的规定予以处置。教唆、胁迫、诱骗他人实施相关违法犯罪行为的，按照其教唆、胁迫、诱骗的行为处罚。

各地公安机关在处置上述信访活动中违法犯罪行为时，要把握好以下三点要求：

（一）坚持法制，讲究政策，保护合法，制止非法。畅通信访渠道，维护信访人的合法权益，不得限制合法信访活动，不得以组织学习、培训等方式非法剥夺、限制信访人的人身自由。对于初次实施违法行为、情节轻微的，以批评教育为主，依法予以警告、训诫或者制止；对于经警告、训诫、制止后，继续或者再次实施违法行为，严重危害社会治安秩序、威胁公共安全的，根据《人民警察法》第八条规定，可以强行带离现场、依法予以拘留或者采取法律规定的其他措施，防止造成更大危害；构成违反治安管理行为的，依法予以治安管理处罚；构成犯罪的，依法追究刑事责任。对组织聚众闹事、实施极端闹访等行为的，要依法从严惩处，切实增强依法处置的威慑力和效果。

（二）强化证据意识，依照法定程序及时收集、固定相关证据。针对不同类型违法犯罪活动特点，全面收集违法犯罪嫌疑人的询问（讯问）笔录、现场目击证人证言、参与处置的有关国家机关工作人员的证言、现场笔录、民警出具的到案经过、记载违法行为的视听资料、扣押、收缴的管制刀具、危险物品及其他物品、鉴定材料等证据。对违法行为警告、训诫或者制止的，要同时收集、固定违法证据；对多次实施违法行为的，要注重每次违法行为证据的收集、固定和积累。要规范训诫书的制作和使用，训诫书应当载明违法行为事实，并加盖公安机关印章。

（三）明确管辖责任，加强协作配合。在处置信访活动中违法犯罪行为时，要严格执行《公安机关办理行政案件程序规定》和《公安机关办理刑事案件程序规定》的规定，由违法犯罪行为地公安机关管辖。由居住地公安机关管辖更为适宜的，可以由居住地公安机关管辖；行为地公安机关将案件移交居住地公安机关管辖的，应当与居住地公安机关协商，并配合开展调查取证等工作。各级公安机关要积极配合有关部门、单位，认真区分信访人的合理诉求和不合法表达方式，因情施策、各负其责、互相配合、依法处置，坚持慎用警力、慎用强制措施、慎用武器警械，避免激化矛盾、形成对立，力争把问题化解在初始阶段和萌芽状态。

第四章　信访事项的办理

第二十七条　【信访事项的处理要求】各级机关、单位及其工作人员应当根据各自职责和有关规定，按照诉求合理的解决问题到位、诉求无理的思想教育到位、生活困难的帮扶救助到位、行为违法的依法处理的要求，依法按政策及时就地解决群众合法合理诉求，维护正常信访秩序。

党内法规

《中共中央、国务院关于进一步加强新时期信访工作的意见》

（2007年3月10日　中发〔2007〕5号）

（六）认真解决群众合理诉求。对群众信访反映的问题，要做到"件件有着落、事事有回音"。法律法规和政策有明确规定的，要依法按政策抓紧解决；对群众要求合理、但法律法规和政策没有明确规定或规定不够完善的，要抓紧研究制定和完善法律、政策；对群众提出的应当解决但因客观条件不具备一时难以解决的问题，要主动说明情况，向群众解释清楚，取得群众的理解和支持，同时积极创造条件适时予以解决；对群众提出的不合理要求，要进行说服教育、积极引导。要坚持依法按政策办事，不能突破法律法规和政策规定。

第二十八条　【办理信访事项的工作要求、诉讼与信访分离制度、回避制度】各级机关、单位及其工作人员办理信访事项，应当恪尽职守、秉公办事，查明事实、分清责任，加强教育疏导，及时妥善处理，不得推诿、敷衍、拖延。

各级机关、单位应当按照诉讼与信访分离制度要求，将涉及民事、行政、刑事等诉讼权利救济的信访事项从普通信访体制中分离出来，由有关政法部门依法处理。

各级机关、单位工作人员与信访事项或者信访人有直接利害关系的，应当回避。

法律法规

1. **《公安机关信访工作规定》**（2005年8月18日）

第十条　公安机关及其人民警察依法保护信访人的合法权益，对信访人提出的属于本级公安机关管辖范围的信访事项应当受理，不得推诿、敷衍、拖延；不得歧视、刁难和打击报复信访人；不得将信访人的检举、揭发材料或者有关情况透露给被检举、揭发的人员或者单位。

第十一条　办理信访事项的公安机关人民警察与信访事项或者信访人有直接利害关系的，应当回避。

2. **《人民检察院信访工作规定》**（2007年3月26日　高检发控字〔2007〕1号）

第七条　办理信访事项的人民检察院工作人员与信访事项或者信访人有利害关系的，应当回避。

3. **《司法行政机关信访工作办法》**（2018年2月9日）

第二十二条　司法行政机关及其工作人员办理信访事项，应当恪尽职守、秉公办事，查明事实、分清责任，宣传法治、教育疏导，及时妥善办理，不得推诿、敷衍、拖延；不得将信访人的检举、揭发材料以及有关情况透露或者转给被检举、揭发的人员或者单位。

第二十九条　【对信访人反映的情况、提出的建议意见类事项的处理及相关机制】对信访人反映的情况、提出的建议意见类事项，有权处理的机关、单位应当认真研究论证。对科学合理、具有现实可行性的，应当采纳或者部分采纳，并予以回复。

信访人反映的情况、提出的建议意见，对国民经济和社会发展或者对改进工作以及保护社会公共利益有贡献的，应当按照有关规定给予奖励。

各级党委和政府应当健全人民建议征集制度，对涉及国计民生的重要工作，主动听取群众的建议意见。

法律法规

1. **《全面推进依法行政实施纲要》**（2004年3月22日　国发〔2004〕10号）

16. 改进政府立法工作方法，扩大政府立法工作的公众参与程度。实行立法工作者、实际工作者和专家学者三结合，建立健全专家咨询论证制度。起草法律、法规、规章和作为行政管理依据的规范性文件草案，要采取多种形式广泛听取意见。重大或者关系人民群众切身利益的草案，要采取听证会、论证会、座谈会或者向社会公布草案等方式向社会听取意见，尊重多数人的意愿，充分反映最广大人民的根本利益。要积极探索建立对听取和采纳意见情况的说明制度。行政法规、规章和作为行政管理依据的规范性文件通过后，应当在政府公报、普遍发行的报刊和政府网站上公布。政府公报应当便于公民、法人和其他组织获取。

2. **《公安机关信访工作规定》**（2005年8月18日）

第二十五条　公安机关经调查核实，应当依照有关法律、法规、规章及其他有关规定，对信访事项分别作出以下处理，并书面答复信访人：

（一）信访人的投诉请求事实清楚，符合法律、法规、规章或者其他有关规定，应当支持信访人的请求。其中属于公安机关原处理结论确有不当或者错误的，应当作出书面决定，予以纠正或者撤销并予以重新处理；属于公安机关不履行法定职责问题的，应当督促履行职责；

（二）信访人的投诉请求缺乏事实依据或者不符合法律、法规、规章和其他有关规定的，以及信访人的投诉请求虽然事由合理但缺乏法律依据的，对信访人的请求不予支持，并做好信访人的解释疏导工作；

（三）信访人提出的建议和意见，有利于公安机关改进工作的，应当认真研究论证并积极采纳。

3. **《人民检察院信访工作规定》**（2007年3月26日　高检发控字〔2007〕1号）

第三十四条　人民检察院办理信访事项，经调查核实，应当依法作出处理，并答复信访人：

（一）事实清楚，符合法律政策规定的，应当支持；

（二）信访人提出的建议和意见，有利于改进工作的，应当研究论证并予以采纳；

（三）缺乏事实根据或者不符合法律政策规定的，不予支持，并向信访人做好解释疏导工作。

4.《**司法行政机关信访工作办法**》（2018年2月9日）

第二十三条 司法行政机关应当认真研究信访人提出的建议和意见，对于有利于改进工作的，应当积极采纳。

第三十条 【对信访人提出的检举控告类事项的处理及纪律要求】对信访人提出的检举控告类事项，纪检监察机关或者有权处理的机关、单位应当依规依纪依法接收、受理、办理和反馈。

党委和政府信访部门应当按照干部管理权限向组织（人事）部门通报反映干部问题的信访情况，重大情况向党委主要负责同志和分管组织（人事）工作的负责同志报送。组织（人事）部门应当按照干部选拔任用监督的有关规定进行办理。

不得将信访人的检举、揭发材料以及有关情况透露或者转给被检举、揭发的人员或者单位。

法律法规

1.《**公安机关信访工作规定**》（2005年8月18日）

第十条 公安机关及其人民警察依法保护信访人的合法权

益，对信访人提出的属于本级公安机关管辖范围的信访事项应当受理，不得推诿、敷衍、拖延；不得歧视、刁难和打击报复信访人；不得将信访人的检举、揭发材料或者有关情况透露给被检举、揭发的人员或者单位。

2.《**司法行政机关信访工作办法**》（2018 年 2 月 9 日）

第二十二条　司法行政机关及其工作人员办理信访事项，应当恪尽职守、秉公办事，查明事实、分清责任，宣传法治、教育疏导，及时妥善办理，不得推诿、敷衍、拖延；不得将信访人的检举、揭发材料以及有关情况透露或者转给被检举、揭发的人员或者单位。

第三十一条　【对信访人提出的申诉求决类事项的处理】对信访人提出的申诉求决类事项，有权处理的机关、单位应当区分情况，分别按照下列方式办理：

（一）应当通过审判机关诉讼程序或者复议程序、检察机关刑事立案程序或者法律监督程序、公安机关法律程序处理的，涉法涉诉信访事项未依法终结的，按照法律法规规定的程序处理。

（二）应当通过仲裁解决的，导入相应程序处理。

（三）可以通过党员申诉、申请复审等解决的，导入相应程序处理。

（四）可以通过行政复议、行政裁决、行政确认、行政许可、行政处罚等行政程序解决的，导入相应程序处理。

（五）属于申请查处违法行为、履行保护人身权或者财产权等合法权益职责的，依法履行或者答复。

（六）不属于以上情形的，应当听取信访人陈述事实和理由，并调查核实，出具信访处理意见书。对重大、复杂、疑难的信访事项，可以举行听证。

法律法规

1. **《全面推进依法行政实施纲要》**（2004 年 3 月 22 日　国发〔2004〕10 号）

20. 严格按照法定程序行使权力、履行职责。行政机关作出对行政管理相对人、利害关系人不利的行政决定之前，应当告知行政管理相对人、利害关系人，并给予其陈述和申辩的机会；作出行政决定后，应当告知行政管理相对人依法享有申请行政复议或者提起行政诉讼的权利。对重大事项，行政管理相对人、利害关系人依法要求听证的，行政机关应当组织听证。行政机关行使自由裁量权的，应当在行政决定中说明理由。要切实解决行政机关违法行使权力侵犯人民群众切身利益的问题。

2. **《公安机关信访工作规定》**（2005 年 8 月 18 日）

第二十四条　公安机关调查处理信访事项，应当听取信访人陈述事实和理由；必要时可以要求信访人、有关组织和人员说明情况，提供有关证明材料；需要进一步核实有关情况的，可以依法向其他组织和人员调查取证。

对重大、复杂、疑难信访事项，应当由本级公安机关负责人组织专门力量调查处理，必要时可以依照《信访条例》的有关规定，举行公开听证。

3. **《人民检察院信访工作规定》**（2007 年 3 月 26 日　高检发控字〔2007〕1 号）

第三十九条 信访事项办理结果的答复由承办该信访事项的人民检察院控告申诉检察部门负责，除因通讯地址不详等情况无法答复的以外，原则上应当书面答复信访人。

重大、复杂、疑难信访事项的答复应当由承办部门和控告申诉检察部门共同负责，必要时可以举行公开听证，通过答询、辩论、评议、合议等方式，辩明事实，分清责任，做好化解矛盾、教育疏导工作。

举报答复应当注意保密，依法保护举报人的合法权益。需要以邮寄方式书面答复署名举报人的，应当挂号邮寄并不得使用有人民检察院字样的信封。

4. **《司法行政机关信访工作办法》**（2018 年 2 月 9 日）

第二十四条 司法行政机关办理信访事项，应当听取信访人陈述事实和理由；可以要求信访人、有关组织和人员说明情况，提供有关证明材料；需要进一步核实有关情况的，可以依法向其他组织和人员调查。

参与信访工作的律师，可以依法对与信访事项有关的情况进行调查核实。

对重大、复杂、疑难信访事项，司法行政机关信访工作机构可以按照有关规定，举行听证。

第三十二条 【信访处理意见书及督促执行、疏导教育工作】信访处理意见书应当载明信访人投诉请求、事实和理由、处理意见及其法律法规依据：

（一）请求事实清楚，符合法律、法规、规章或者其他有关规定的，予以支持；

（二）请求事由合理但缺乏法律依据的，应当作出解释说明；

（三）请求缺乏事实根据或者不符合法律、法规、规章或者其他有关规定的，不予支持。

有权处理的机关、单位作出支持信访请求意见的，应当督促有关机关、单位执行；不予支持的，应当做好信访人的疏导教育工作。

法律法规

1.《公安机关信访工作规定》（2005年8月18日）

第二十五条 公安机关经调查核实，应当依照有关法律、法规、规章及其他有关规定，对信访事项分别作出以下处理，并书面答复信访人：

（一）信访人的投诉请求事实清楚，符合法律、法规、规章或者其他有关规定，应当支持信访人的请求。其中属于公安机关原处理结论确有不当或者错误的，应当作出书面决定，予以纠正或者撤销并予以重新处理；属于公安机关不履行法定职责问题的，应当督促履行职责；

（二）信访人的投诉请求缺乏事实依据或者不符合法律、法规、规章和其他有关规定的，以及信访人的投诉请求虽然事由合理但缺乏法律依据的，对信访人的请求不予支持，并做好信访人的解释疏导工作；

（三）信访人提出的建议和意见，有利于公安机关改进工作的，应当认真研究论证并积极采纳。

2.《**人民检察院信访工作规定**》（2007年3月26日　高检发控字〔2007〕1号）

第三十四条　人民检察院办理信访事项，经调查核实，应当依法作出处理，并答复信访人：

（一）事实清楚，符合法律政策规定的，应当支持；

（二）信访人提出的建议和意见，有利于改进工作的，应当研究论证并予以采纳；

（三）缺乏事实根据或者不符合法律政策规定的，不予支持，并向信访人做好解释疏导工作。

3.《**司法行政机关信访工作办法**》（2018年2月9日）

第二十五条　司法行政机关对经调查核实的信访事项，应当依法分别作出以下处理，并书面答复信访人：

（一）请求事实清楚，符合或者部分符合法律、法规、规章及其他有关规定的，予以支持或者部分支持；

（二）请求合理但缺乏法律、法规、规章及其他有关规定依据的，向信访人做好解释工作；

（三）请求缺乏事实根据或者不符合法律、法规、规章及其他有关规定的，不予支持。

司法行政机关作出支持信访请求意见的，应当督促有关机关或者单位执行。

书面答复应当载明具体请求、事实认定情况、处理意见和依据以及不服处理意见的救济途径和期限。同时，一般应当采用电话沟通的方式作出必要的解释和说明。

第三十三条　【对申诉求决类事项的调解、和解】各级机关、单位在处理申诉求决类事项过程中，可以在不违反政策法规强制性规定的情况下，在裁量权范围内，经争议双方当事人同意进行调解；可以引导争议双方当事人自愿和解。经调解、和解达成一致意见的，应当制作调解协议书或者和解协议书。

法律法规

《司法行政机关信访工作办法》（2018年2月9日）

第七条　司法行政机关应当建立信访事项办理与人民调解、行政调解、法律援助的衔接机制，协调有关部门，组织人民调解组织、法律援助机构或者相关专家学者、社会志愿者等共同参与，为符合条件的信访人提供法律援助，依法调解、化解信访事项。

第三十四条　【对其他申诉求决类事项的办理期限】对本条例第三十一条第六项规定的信访事项应当自受理之日起60日内办结；情况复杂的，经本机关、单位负责人批准，可以适当延长办理期限，但延长期限不得超过30日，并告知信访人延期理由。

法律法规

1. **《公安机关信访工作规定》**（2005年8月18日）

第二十六条　信访事项应当自受理之日起60日内处理完毕；

情况复杂的，经本级公安机关负责人批准，可以适当延长办结期限，但延长期限不得超过30日，并告知信访人延期理由。有关法律、法规已规定办结时限的，从其规定。

2.**《人民检察院信访工作规定》**（2007年3月26日 高检发控字〔2007〕1号）

第三十五条 承办部门应当在收到本院控告申诉检察部门转送的信访事项之日起六十日内办结；情况复杂，逾期不能办结的，报经分管检察长批准后，可适当延长办理期限，并通知控告申诉检察部门。延长期限不得超过三十日。法律、法规另有规定的，从其规定。

3.**《司法行政机关信访工作办法》**（2018年2月9日）

第二十六条 司法行政机关办理信访事项应当自受理之日起60日内办结；情况复杂的，经本机关负责人批准，可以适当延长办理期限，但延长期限最多不超过30日，并告知信访人延期理由。

第三十五条 【请求复查及复查意见】信访人对信访处理意见不服的，可以自收到书面答复之日起30日内请求原办理机关、单位的上一级机关、单位复查。收到复查请求的机关、单位应当自收到复查请求之日起30日内提出复查意见，并予以书面答复。

法律法规

1.《国务院法制办公室、国家信访局对〈信访条例〉第三十四条、第三十五条中“上一级行政机关”的含义及〈信访条例〉适用问题的解释》（2005年6月30日 国法函〔2005〕253号）

各省、自治区、直辖市法制工作机构、信访局（办）：

根据《信访条例》的立法精神和所确定的原则，经国务院批准，现对《信访条例》第三十四条、第三十五条中“上一级行政机关”的含义及《信访条例》的适用问题解释如下：

一、《信访条例》第三十四条、第三十五条中“上一级行政机关”的含义：原办理行政机关、复查机关是设区的市级以下人民政府工作部门的，其上一级行政机关是指本级人民政府或者上一级人民政府主管部门；原办理行政机关、复查机关是省级人民政府工作部门的，其上一级行政机关是指本级人民政府。

二、信访人在2005年5月1日前提出的信访事项尚未办理完毕的，参照新修订的《信访条例》的规定办理；已经办结，信访人提出新的事实或者理由重新信访的，按照新修订的《信访条例》的规定办理。不能提出新的事实或者理由的，不再重新受理。

2.《公安机关信访工作规定》（2005年8月18日）

第二十七条 信访人对县级公安机关处理意见不服的，可以自收到书面答复之日起30日内，持书面答复向县级人民政府或者地级公安机关提出复查请求。对地级公安机关处理意见不服的，可以自收到书面答复之日起30日内，持书面答复向地级人民政府或者省级公安机关提出复查请求。公安机关应当自收到复查请求之日起30日内复查完毕，提出复查意见，书面答复信访人。

对省级公安机关处理意见不服的，应当向省级人民政府提出复查请求。

3. **《人民检察院信访工作规定》**（2007 年 3 月 26 日　高检发控字〔2007〕1 号）

第四十条　信访人对人民检察院处理意见不服的，可以依照有关规定提出复查请求。人民检察院收到复查请求后应当进行审查，符合立案复查规定的应当立案复查，不符合立案复查规定的应当书面答复信访人。

4. **《司法行政机关信访工作办法》**（2018 年 2 月 9 日）

第二十七条　信访人对司法行政机关作出的信访事项处理意见不服的，可以自收到书面答复之日起 30 日内请求原办理司法行政机关的本级人民政府或者其上一级司法行政机关复查。

负责复查的司法行政机关应当自收到复查请求之日起 30 日内复查完毕，提出复查意见，书面答复信访人。

信访人对省级司法行政机关处理意见不服的，应当向省级人民政府提出复查请求。

第三十六条　**【请求复核及复核意见】**信访人对复查意见不服的，可以自收到书面答复之日起 30 日内向复查机关、单位的上一级机关、单位请求复核。收到复核请求的机关、单位应当自收到复核请求之日起 30 日内提出复核意见。

复核机关、单位可以按照本条例第三十一条第六项的规定举行听证，经过听证的复核意见可以依法向社会公示。

听证所需时间不计算在前款规定的期限内。

信访人对复核意见不服，仍然以同一事实和理由提出投诉请求的，各级党委和政府信访部门和其他机关、单位不再受理。

法律法规

1.《公安机关信访工作规定》（2005年8月18日）

第二十八条 信访人对地级公安机关复查意见不服的，可以自收到书面答复之日起30日内，持书面答复向地级人民政府或者省级公安机关提出复核请求。省级公安机关应当自收到复核请求之日起30日内复核完毕，提出复核意见，书面答复信访人。

对省级公安机关复查意见不服的，应当向省级人民政府提出复核请求。

第二十九条 信访人对公安机关复核意见不服，仍然以同一事实和理由提出投诉请求的，各级公安机关不再受理。

2.《司法行政机关信访工作办法》（2018年2月9日）

第二十八条 信访人对司法行政机关复查意见不服的，可以自收到书面答复之日起30日内向作出复查意见的司法行政机关的本级人民政府或者其上一级司法行政机关请求复核。

负责复核的司法行政机关应当自收到复核请求之日起30日内复核完毕，提出复核意见，书面答复信访人。

信访人对省级司法行政机关复查意见不服的，应当向省级人民政府提出复核请求。

第二十九条 信访事项的处理意见、复查意见作出后，信访人在规定期限内未提出复查、复核申请的，或者信访人对复核意见不服，仍以同一事实和理由提出投诉请求的，司法行政机关不再受理，并告知信访人。信访人就同一信访事项提出新的事实和理由的，司法行政机关应当受理。

第三十条 原处理意见、复查意见认定事实清楚、证据确凿、适用依据正确、程序合法、结论适当的，负责复查、复核的司法行政机关应当予以维持，并书面答复信访人。

原处理意见、复查意见有下列情形之一的，负责复查、复核的司法行政机关应当予以撤销或者变更：

（一）主要事实不清、证据不足的；

（二）适用依据错误的；

（三）违反法定程序的；

（四）超越或者滥用职权的；

（五）结论明显不当的。

予以撤销的，应当责令原作出处理意见、负责复查的司法行政机关在指定期限内重新作出处理意见、复查意见。

第三十一条 对信访人不服司法行政机关作出的已经生效的结论，其救济权利已经充分行使、放弃行使或者已经丧失，反映的问题已经依法公正办理，信访人仍以同一事实和理由反复到司法行政机关信访的信访事项，司法行政机关可以按照有关规定予以审查终结，并告知信访人。

第三十二条 司法行政机关信访事项终结主要包括以下情形：

（一）信访人不服司法行政机关信访处理决定，其反映的问题已经按信访程序逐级办理、复查、复核完毕并答复，或者其拒不逐级提出信访复查、复核请求，且已超过规定时限的；

（二）信访人反映的问题已经依法按照程序办理，信访人同意接受处理意见后又反悔，且提不出新的事实和理由的；

（三）信访事项在办理过程中存在实体或者程序上的瑕疵，依法已经得到纠正，信访人的合法权益已经得到维护的。

对已经终结的信访事项，司法行政机关不再受理、转办、交办、统计、通报，但应当做好解释、疏导工作。

第三十七条　【社会矛盾纠纷多元预防调处化解原则及帮扶救助】各级机关、单位应当坚持社会矛盾纠纷多元预防调处化解，人民调解、行政调解、司法调解联动，综合运用法律、政策、经济、行政等手段和教育、协商、疏导等办法，多措并举化解矛盾纠纷。

各级机关、单位在办理信访事项时，对生活确有困难的信访人，可以告知或者帮助其向有关机关或者机构依法申请社会救助。符合国家司法救助条件的，有关政法部门应当按照规定给予司法救助。

地方党委和政府以及基层党组织和基层单位对信访事项已经复查复核和涉法涉诉信访事项已经依法终结的相关信访人，应当做好疏导教育、矛盾化解、帮扶救助等工作。

法律法规

1. **《最高人民法院关于加强和规范人民法院国家司法救助工作的意见》**（2016年7月1日　法发〔2016〕16号）

第三条　当事人因生活面临急迫困难提出国家司法救助申

请，符合下列情形之一的，应当予以救助：

（一）刑事案件被害人受到犯罪侵害，造成重伤或者严重残疾，因加害人死亡或者没有赔偿能力，无法通过诉讼获得赔偿，陷入生活困难的；

（二）刑事案件被害人受到犯罪侵害危及生命，急需救治，无力承担医疗救治费用的；

（三）刑事案件被害人受到犯罪侵害而死亡，因加害人死亡或者没有赔偿能力，依靠被害人收入为主要生活来源的近亲属无法通过诉讼获得赔偿，陷入生活困难的；

（四）刑事案件被害人受到犯罪侵害，致使其财产遭受重大损失，因加害人死亡或者没有赔偿能力，无法通过诉讼获得赔偿，陷入生活困难的；

（五）举报人、证人、鉴定人因举报、作证、鉴定受到打击报复，致使其人身受到伤害或财产受到重大损失，无法通过诉讼获得赔偿，陷入生活困难的；

（六）追索赡养费、扶养费、抚育费等，因被执行人没有履行能力，申请执行人陷入生活困难的；

（七）因道路交通事故等民事侵权行为造成人身伤害，无法通过诉讼获得赔偿，受害人陷入生活困难的；

（八）人民法院根据实际情况，认为需要救助的其他人员。

涉诉信访人，其诉求具有一定合理性，但通过法律途径难以解决，且生活困难，愿意接受国家司法救助后息诉息访的，可以参照本意见予以救助。

2. **《最高人民检察院关于贯彻实施〈关于建立完善国家司法救助制度的意见（试行）〉的若干意见》**（2014 年 3 月 26 日　高检发办字〔2014〕33 号）

二、主动发挥职能作用，积极开展国家司法救助工作

国家司法救助的对象既包括人身受到伤害或财产受到重大损失的刑事案件被害人或其近亲属、举报人、证人、鉴定人，又包括特定民事侵权案件当事人、符合条件的涉法涉诉信访人。人民检察院在办理案件过程中，应当主动了解当事人家庭生活状况，对符合救助条件的当事人，不论其户籍在本地或外地，均应主动开展救助工作。在处理涉法涉诉信访问题过程中，对符合救助条件的涉法涉诉信访人，也应根据规定及时提供救助，促进息诉息访，及早化解社会矛盾。

3. **《司法行政机关信访工作办法》**（2018年2月9日）

第七条 司法行政机关应当建立信访事项办理与人民调解、行政调解、法律援助的衔接机制，协调有关部门，组织人民调解组织、法律援助机构或者相关专家学者、社会志愿者等共同参与，为符合条件的信访人提供法律援助，依法调解、化解信访事项。

第五章　监督和追责

第三十八条　【各级党委和政府对信访工作的专项督查】 各级党委和政府应当对开展信访工作、落实信访工作责任的情况组织专项督查。

信访工作联席会议及其办公室、党委和政府信访部门应当根据工作需要开展督查，就发现的问题向有关地方和部门进行反馈，重要问题向本级党委和政府报告。

各级党委和政府督查部门应当将疑难复杂信访问题列入督查范围。

党内法规

1. **《信访工作责任制实施办法》**（2016 年 10 月 8 日）

第九条　各级党政机关应当将信访工作纳入督查范围，对本地区、本部门、本系统信访工作开展和责任落实情况，每年至少组织开展一次专项督查，并在适当范围内通报督查情况。

2. **《中共中央、国务院关于进一步加强新时期信访工作的意见》**（2007 年 3 月 10 日　中发〔2007〕5 号）

（十七）建立健全信访督查工作机制。要建立健全党委和政府统一领导、信访部门组织实施、各职能部门共同参与的信访督查工作机制。要配齐配强督查力量，建立和完善信访督查专员制度，不断加大督查工作力度，确保信访工作决策部署得到贯彻落实，推动群众信访问题得到妥善解决。县级以上地方党委、政府要支持和保证信访部门充分履行督查办尤其是提出改进工作、完善政策、给予处分建议的职责。要加强对典型经验的总结推广和宣传，推动信访工作健康发展。

第三十九条　【各级党委和政府对信访工作情况的考核】各级党委和政府应当以依规依法及时就地解决信访问题为导向，每年对信访工作情况进行考核。考核结果应当在适当范围内通报，并作为对领导班子和有关领导干部综合考核评价的重要参考。

对在信访工作中作出突出成绩和贡献的机关、单位或者个人，可以按照有关规定给予表彰和奖励。

对在信访工作中履职不力、存在严重问题的领导班子和领导干部，视情节轻重，由信访工作联席会议进行约谈、通报、挂牌督办，责令限期整改。

党内法规

1. **《党政领导干部考核工作条例》**（2019 年 4 月 7 日）

第十九条　年度考核是以年度为周期对领导班子和领导干部所进行的综合性考核，一般在每年年末或者次年年初组织开展。

根据工作需要，各级党委（党组）每年可以选定部分领导班子和领导干部进行重点考核。

2.《信访工作责任制实施办法》（2016 年 10 月 8 日）

第十条 各级党政机关应当以依法、及时、就地解决信访问题为导向，建立健全信访工作考核评价机制，制定科学合理的考核评价标准和指标体系，定期对本地区、本部门、本系统信访工作情况进行考核。考核结果作为对领导班子和领导干部综合考评的重要参考。

各级组织人事部门在干部考察工作中，应当听取信访部门意见，了解掌握领导干部履行信访工作职责情况。

国家信访局负责对各省、自治区、直辖市信访工作情况进行年度考核。对工作成效明显的省、自治区、直辖市予以通报表扬；对问题较多的省、自治区、直辖市，加强工作指导，督促解决存在的问题。

法律法规

1.《中华人民共和国公务员法》（2018 年 12 月 29 日）

第三十五条 公务员的考核应当按照管理权限，全面考核公务员的德、能、勤、绩、廉，重点考核政治素质和工作实绩。考核指标根据不同职位类别、不同层级机关分别设置。

第三十六条 公务员的考核分为平时考核、专项考核和定期考核等方式。定期考核以平时考核、专项考核为基础。

第三十七条 非领导成员公务员的定期考核采取年度考核的方式。先由个人按照职位职责和有关要求进行总结，主管领导在听取群众意见后，提出考核等次建议，由本机关负责人或者授权的考核委员会确定考核等次。

领导成员的考核由主管机关按照有关规定办理。

第三十八条 定期考核的结果分为优秀、称职、基本称职和不称职四个等次。

定期考核的结果应当以书面形式通知公务员本人。

第三十九条　定期考核的结果作为调整公务员职位、职务、职级、级别、工资以及公务员奖励、培训、辞退的依据。

第五十一条　对工作表现突出，有显著成绩和贡献，或者有其他突出事迹的公务员或者公务员集体，给予奖励。奖励坚持定期奖励与及时奖励相结合，精神奖励与物质奖励相结合、以精神奖励为主的原则。

公务员集体的奖励适用于按照编制序列设置的机构或者为完成专项任务组成的工作集体。

第五十二条　公务员或者公务员集体有下列情形之一的，给予奖励：

（一）忠于职守，积极工作，勇于担当，工作实绩显著的；

（二）遵纪守法，廉洁奉公，作风正派，办事公道，模范作用突出的；

（三）在工作中有发明创造或者提出合理化建议，取得显著经济效益或者社会效益的；

（四）为增进民族团结，维护社会稳定做出突出贡献的；

（五）爱护公共财产，节约国家资财有突出成绩的；

（六）防止或者消除事故有功，使国家和人民群众利益免受或者减少损失的；

（七）在抢险、救灾等特定环境中做出突出贡献的；

（八）同违纪违法行为作斗争有功绩的；

（九）在对外交往中为国家争得荣誉和利益的；

（十）有其他突出功绩的。

第五十三条　奖励分为：嘉奖、记三等功、记二等功、记一等功、授予称号。

对受奖励的公务员或者公务员集体予以表彰，并对受奖励的个人给予一次性奖金或者其他待遇。

第五十四条　给予公务员或者公务员集体奖励，按照规定的权限和程序决定或者审批。

第五十五条　按照国家规定，可以向参与特定时期、特定领域重大工作的公务员颁发纪念证书或者纪念章。

第五十六条　公务员或者公务员集体有下列情形之一的，撤销奖励：

（一）弄虚作假，骗取奖励的；

（二）申报奖励时隐瞒严重错误或者严重违反规定程序的；

（三）有严重违纪违法等行为，影响称号声誉的；

（四）有法律、法规规定应当撤销奖励的其他情形的。

2.《**公安机关信访工作规定**》（2005 年 8 月 18 日）

第八条　各级公安机关应当建立健全信访工作责任追究制度，对信访工作中的失职、渎职行为，依照有关法律、法规和本规定，追究有关人员的责任，并予以通报。

第九条　各级公安机关应当将信访工作绩效纳入领导班子和领导干部考核体系、执法质量考评体系和人民警察考核体系。

公安机关应当将信访事项是否解决在本级公安机关、解决在当地，作为绩效考核的重要依据。

对在信访工作中做出优异成绩的单位和个人，应当给予表彰奖励。

3.《**人民检察院信访工作规定**》（2007 年 3 月 26 日　高检发控字〔2007〕1 号）

第十条 人民检察院应当将信访工作纳入干部考核体系和执法质量考评体系，将信访事项是否解决在本院、解决在当地，作为考核的重要依据。对在信访工作中做出优异成绩的单位和个人，应当给予表彰奖励。

4.**《司法行政机关信访工作办法》**（2018年2月9日）

第九条 司法行政机关应当建立信访工作责任制，将信访工作绩效纳入公务员考核体系，对信访工作中的失职、渎职行为，依法追究相关人员的责任，对做出优异成绩的单位或者个人给予奖励。

第四十条 【党委和政府信访部门对有关机关、单位信访工作的建议权】党委和政府信访部门发现有关机关、单位存在违反信访工作规定受理、办理信访事项，办理信访事项推诿、敷衍、拖延、弄虚作假或者拒不执行信访处理意见等情形的，应当及时督办，并提出改进工作的建议。

对工作中发现的有关政策性问题，应当及时向本级党委和政府报告，并提出完善政策的建议。

对在信访工作中推诿、敷衍、拖延、弄虚作假造成严重后果的机关、单位及其工作人员，应当向有管理权限的机关、单位提出追究责任的建议。

对信访部门提出的改进工作、完善政策、追究责任的建议，有关机关、单位应当书面反馈采纳情况。

党内法规

《信访工作责任制实施办法》（2016 年 10 月 8 日）

第十一条　各级党政机关及其领导干部、工作人员不履行或者未能正确履行本办法所列责任内容，有下列情形之一的，应当追究责任：

（一）因决策失误、工作失职，损害群众利益，导致信访问题产生，造成严重后果的；

（二）未按照规定受理、交办、转送和督办信访事项，或者不执行信访事项处理意见，严重损害信访群众合法权益的；

（三）违反群众纪律，对应当解决的群众合理合法诉求消极应付、推诿扯皮，或者对待信访群众态度恶劣、简单粗暴，损害党群干群关系，造成严重后果的；

（四）对发生的集体访或者信访负面舆情处置不力，导致事态扩大，造成不良影响的；

（五）对信访部门提出的改进工作、完善政策和给予处分等建议重视不够、落实不力，导致问题长期得不到解决的；

（六）其他应当追究责任的失职失责情形。

对前款规定中涉及的集体责任，领导班子主要负责人和直接主管的负责人承担主要领导责任，参与决策和工作的班子其他成员承担重要领导责任，对错误决策或者行为提出明确反对意见而没有被采纳的，不承担领导责任；涉及的个人责任，具体负责的工作人员承担直接责任，领导班子主要负责人和直接主管的负责人承担领导责任。

法律法规

1.《公安机关信访工作规定》（2005 年 8 月 18 日）

第三十五条　各级公安机关信访工作机构对本级公安机关有关部门或者下级公安机关在处理信访事项中有下列情形之一的，应当及时督办：

（一）应当受理而拒不受理信访事项的；

（二）未按规定程序办理信访事项的；

（三）未按规定的办理期限办结信访事项的；

（四）未按规定反馈重要信访事项办理结果的；

（五）办理信访事项推诿、敷衍、拖延的；

（六）不执行信访处理意见或者复查、复核意见的；

（七）其他需要督办的事项。

第三十六条　公安机关信访工作机构对所督办的事项应当提出改进建议。

收到改进建议的本级公安机关有关部门或者下级公安机关应当及时反馈改进情况。改进建议未被采纳的，信访工作机构可以将改进建议提交本级公安机关负责人审定后，责成被督办单位执行。

第三十七条　公安机关信访工作机构应当将督办情况及在督办过程中发现的民警违法违纪问题，及时向有关公安机关或者有关部门通报，并提出处理意见或者建议。

2.《司法行政机关信访工作办法》（2018 年 2 月 9 日）

第三十五条　本机关有关内设机构、所属单位和下级司法行政机关有下列情形之一的，司法行政机关信访工作机构应当及时督办，并提出改进建议：

（一）应当受理而未受理信访事项的；

（二）未按照规定程序办理信访事项的；

（三）未按照规定报告交办信访事项办理结果的；

（四）办理信访事项推诿、敷衍、拖延、造假的；

（五）不执行信访事项处理意见的；

（六）其他需要督办的情形。

收到改进建议的单位应当在30日内书面反馈情况；未采纳改进建议的，应当说明理由。

第四十一条　【信访情况年度报告、向巡视巡察机构提供信访情况】党委和政府信访部门应当编制信访情况年度报告，每年向本级党委和政府、上一级党委和政府信访部门报告。年度报告应当包括下列内容：

（一）信访事项的数据统计、信访事项涉及领域以及被投诉较多的机关、单位；

（二）党委和政府信访部门转送、交办、督办情况；

（三）党委和政府信访部门提出改进工作、完善政策、追究责任建议以及被采纳情况；

（四）其他应当报告的事项。

根据巡视巡察工作需要，党委和政府信访部门应当向巡视巡察机构提供被巡视巡察地区、单位领导班子及其成员和下一级主要负责人有关信访举报，落实信访工作责任制，具有苗头性、倾向性的重要信访问题，需要巡视巡察工作关注的重要信访事项等情况。

党内法规

《中国共产党巡视工作条例》（2017年7月1日）

第二十一条 巡视组开展巡视前，应当向同级纪检监察机关、政法机关和组织、审计、信访等部门和单位了解被巡视党组织领导班子及其成员的有关情况。

第三十四条 纪检监察机关、审计机关、政法机关和组织、信访等部门及其他有关单位，应当支持配合巡视工作。对违反规定不支持配合巡视工作，造成严重后果的，依据有关规定追究相关责任人员的责任。

第四十二条 **【对导致信访事项发生，造成严重后果的情形的处理】**因下列情形之一导致信访事项发生，造成严重后果的，对直接负责的主管人员和其他直接责任人员，依规依纪依法严肃处理；构成犯罪的，依法追究刑事责任：

（一）超越或者滥用职权，侵害公民、法人或者其他组织合法权益；

（二）应当作为而不作为，侵害公民、法人或者其他组织合法权益；

（三）适用法律、法规错误或者违反法定程序，侵害公民、法人或者其他组织合法权益；

（四）拒不执行有权处理机关、单位作出的支持信访请求意见。

党内法规

1.《中国共产党纪律处分条例》(2018 年 8 月 18 日)

第一百二十一条　工作中不负责任或者疏于管理，贯彻执行、检查督促落实上级决策部署不力，给党、国家和人民利益以及公共财产造成较大损失的，对直接责任者和领导责任者，给予警告或者严重警告处分；造成重大损失的，给予撤销党内职务、留党察看或者开除党籍处分。

贯彻创新、协调、绿色、开放、共享的发展理念不力，对职责范围内的问题失察失责，造成较大损失或者重大损失的，从重或者加重处分。

2.《中共中央纪律检查委员会关于违反信访工作纪律适用〈中国共产党纪律处分条例〉若干问题的解释》(2008 年 7 月 4 日　中纪发〔2008〕23 号)

七、有下列情形之一的，依照《中国共产党纪律处分条例》第一百三十四条①规定处理：

(一) 超越或者滥用职权，侵害公民、法人或者其他组织合法权益，导致信访事项发生，造成严重后果的；

(二) 应当作为而不作为，侵害公民、法人或者其他组织合法权益，导致信访事项发生，造成严重后果的；

(三) 因故意或重大过失导致认定事实错误，或者适用法律、法规错误，或者违反法定程序，侵害公民、法人或者其他组织合法权益，导致信访事项发生，造成严重后果的。

---

①　此处为 2003 年《中国共产党纪律处分条例》。

法律法规

1.《监察部、人力资源和社会保障部、国家信访局关于违反信访工作纪律处分暂行规定》（2008年6月30日）

第八条 有下列情形之一的，对负有直接责任者，给予记大过、降级、撤职或者开除处分；负有主要领导责任者，给予记过、记大过、降级或者撤职处分；负有重要领导责任者，给予警告、记过、记大过或者降级处分：

（一）超越或者滥用职权，侵害公民、法人或者其他组织合法权益，导致信访事项发生，造成严重后果的；

（二）应当作为而不作为，侵害公民、法人或者其他组织合法权益，导致信访事项发生，造成严重后果的；

（三）因故意或重大过失导致认定事实错误，或者适用法律、法规错误，或者违反法定程序，侵害公民、法人或者其他组织合法权益，导致信访事项发生，造成严重后果的。

2.《公安机关信访工作规定》（2005年8月18日）

第三十八条 公安机关因下列情形之一导致信访事项发生，造成严重后果的，对直接负责的主管人员和其他直接责任人员，依照有关法律、法规、规章的规定给予行政处分；构成犯罪的，依法追究刑事责任：

（一）超越或者滥用职权，侵害信访人合法权益的；

（二）应当作为而不作为，侵害信访人合法权益的；

（三）适用法律、法规错误或者违反法定程序，侵害信访人合法权益的；

（四）拒不执行信访处理意见或者复查、复核意见的；

（五）其他导致信访事项发生，造成严重后果的。

3.《人民检察院信访工作规定》（2007年3月26日　高检发控字〔2007〕1号）

第五十二条　具有下列情形之一导致信访事项发生，造成严重后果的，对直接负责的主管人员和其他直接责任人员，依照《人民检察院错案责任追究条例（试行）》和《检察人员纪律处分条例（试行）》等有关规定给予纪律处分；构成犯罪的，依法追究刑事责任：

（一）超越或者滥用职权，侵害信访人合法权益的；

（二）应当作为而不作为，致使信访人合法权益受到侵害的；

（三）因故意或者重大过失，造成案件定性处理错误，侵害信访人合法权益的；

（四）其他因故意或者重大过失导致信访事项发生，造成严重后果的。

4.《司法行政机关信访工作办法》（2018年2月9日）

第三十六条　因下列情形之一导致信访事项发生，造成严重后果的，对直接负责的主管人员和其他直接责任人员，依法给予行政处分；构成犯罪的，依法追究刑事责任：

（一）超越或者滥用职权，侵害信访人合法权益的；

（二）司法行政机关应当作为而不作为，侵害信访人合法权益的；

（三）适用法律、法规错误或者违反法定程序，侵害信访人合法权益的；

（四）拒不执行有权处理的行政机关作出的支持信访请求意见的。

第四十三条　【对各级党委和政府信访部门收到信访事项未依规依纪依法办理的处理】各级党委和政府信访部门对收到的信访事项应当登记、转送、交办而未按照规定登记、转送、交办，或者应当履行督办职责而未履行的，由其上级机关责令改正；造成严重后果的，对直接负责的主管人员和其他直接责任人员依规依纪依法严肃处理。

法律法规

《监察部、人力资源和社会保障部、国家信访局关于违反信访工作纪律处分暂行规定》（2008 年 6 月 30 日）

第七条　有下列情形之一的，对负有直接责任者，给予记过、记大过、降级或者撤职处分；负有主要领导责任者，给予记过、记大过或者降级处分；负有重要领导责任者，给予警告、记过或者记大过处分：

（一）在处理信访事项过程中，工作作风简单粗暴，造成严重后果的；

（二）对信访事项应当受理、登记、转送、交办、答复而未按规定办理或逾期未结，或者应当履行督查督办职责而未履行，造成严重后果的；

（三）在处理信访事项过程中，敷衍塞责、推诿扯皮导致矛盾激化，造成严重后果的；

（四）对重大信访突出问题和群体性事件，应到现场处置而未到现场处置或处置不当，造成严重后果或较大社会影响的。

第四十四条　【对负有受理信访事项职责的机关、单位程序违规的处理】 负有受理信访事项职责的机关、单位有下列情形之一的，由其上级机关、单位责令改正；造成严重后果的，对直接负责的主管人员和其他直接责任人员依规依纪依法严肃处理：

（一）对收到的信访事项不按照规定登记；

（二）对属于其职权范围的信访事项不予受理；

（三）未在规定期限内书面告知信访人是否受理信访事项。

党内法规

《中共中央纪律检查委员会关于违反信访工作纪律适用〈中国共产党纪律处分条例〉若干问题的解释》（2008 年 7 月 4 日　中纪发〔2008〕23 号）

六、有下列情形之一的，依照《中国共产党纪律处分条例》第一百三十二条[①]规定处理：

（一）在处理信访事项过程中，工作作风简单粗暴，造成严重后果的；

（二）对信访事项应当受理、登记、转送、交办、答复而未按规定办理或逾期未结，或者应当履行督查督办职责而未履行，造成严重后果的；

（三）在处理信访事项过程中，敷衍塞责、推诿扯皮导致矛盾激化，造成严重后果的；

---

① 此处为 2003 年《中国共产党纪律处分条例》。

（四）对重大信访突出问题和群体性事件，应到现场处置而未到现场处置或处置不当，造成严重后果或较大社会影响的。

法律法规

1.《监察部、人力资源和社会保障部、国家信访局关于违反信访工作纪律处分暂行规定》（2008年6月30日）

第六条 有下列情形之一的，对负有直接责任者，给予记大过、降级、撤职或者开除处分；负有主要领导责任者，给予记过、记大过、降级或者撤职处分；负有重要领导责任者，给予警告、记过、记大过或者降级处分：

（一）拒不办理上级机关和信访工作机构交办、督办的重要信访事项，或者编报虚假材料欺骗上级机关，造成严重后果的；

（二）拒不执行有关职能机关提出的支持信访请求意见，引发信访突出问题或群体性事件的；

（三）本地区、单位或部门发生越级集体上访或群体性事件后，未认真落实上级机关的明确处理意见，导致矛盾激化、事态扩大或引发重复越级集体上访，造成较大社会影响的；

（四）不按有关规定落实信访工作机构提出的改进工作、完善政策、给予处分等建议，造成严重后果的；

（五）对可能造成社会影响的重大、紧急信访事项和信访信息，隐瞒、谎报、缓报，或者授意他人隐瞒、谎报、缓报，造成严重后果的。

2.《司法行政机关信访工作办法》（2018年2月9日）

第三十七条 司法行政机关在受理、办理信访事项过程中，有下列情形之一的，由其上级司法行政机关责令改正；造成严重后果的，对直接负责的主管人员和其他直接责任人员，依法给予行政处分：

（一）对收到的信访事项未按规定登记的；

（二）对属于其法定职权范围的信访事项不予受理的；

（三）未在规定期限内书面告知信访人是否受理信访事项的；

（四）推诿、敷衍、拖延信访事项办理或者未在规定期限内办结信访事项的；

（五）对事实清楚，符合法律、法规、规章或者其他有关规定的投诉请求未予支持的。

第四十五条　【对有权处理信访事项的机关、单位不履行或不正确履行职责的处理】对信访事项有权处理的机关、单位有下列情形之一的，由其上级机关、单位责令改正；造成严重后果的，对直接负责的主管人员和其他直接责任人员依规依纪依法严肃处理：

（一）推诿、敷衍、拖延信访事项办理或者未在规定期限内办结信访事项；

（二）对事实清楚，符合法律、法规、规章或者其他有关规定的投诉请求未予支持；

（三）对党委和政府信访部门提出的改进工作、完善政策等建议重视不够、落实不力，导致问题长期得不到解决；

（四）其他不履行或者不正确履行信访事项处理职责的情形。

法律法规

1.《监察部、人力资源和社会保障部、国家信访局关于违反信访工作纪律处分暂行规定》(2008年6月30日)

第五条 有下列情形之一的，对负有直接责任者，给予记大过、降级、撤职或者开除处分；负有主要领导责任者，给予记大过、降级或者撤职处分；负有重要领导责任者，给予记过、记大过或者降级处分：

（一）决策违反法律法规和政策，严重损害群众利益，引发信访突出问题或群体性事件的；

（二）主要领导不及时处理重要来信、来访或不及时研究解决信访突出问题，导致矛盾激化，造成严重后果的；

（三）对疑难复杂的信访问题，未按有关规定落实领导专办责任，久拖不决，造成严重后果的。

2.《司法行政机关信访工作办法》(2018年2月9日)

第三十七条 司法行政机关在受理、办理信访事项过程中，有下列情形之一的，由其上级司法行政机关责令改正；造成严重后果的，对直接负责的主管人员和其他直接责任人员，依法给予行政处分：

（一）对收到的信访事项未按规定登记的；

（二）对属于其法定职权范围的信访事项不予受理的；

（三）未在规定期限内书面告知信访人是否受理信访事项的；

（四）推诿、敷衍、拖延信访事项办理或者未在规定期限内办结信访事项的；

（五）对事实清楚，符合法律、法规、规章或者其他有关规定的投诉请求未予支持的。

第四十六条 【对有关机关、单位及人员违规违纪违法行为的处理】有关机关、单位及其领导干部、工作人员有下列情形之一的，由其上级机关、单位责令改正；造成严重后果的，对直接负责的主管人员和其他直接责任人员依规依纪依法严肃处理；构成犯罪的，依法追究刑事责任：

（一）对待信访人态度恶劣、作风粗暴，损害党群干群关系；

（二）在处理信访事项过程中吃拿卡要、谋取私利；

（三）对规模性集体访、负面舆情等处置不力，导致事态扩大；

（四）对可能造成社会影响的重大、紧急信访事项和信访信息隐瞒、谎报、缓报，或者未依法及时采取必要措施；

（五）将信访人的检举、揭发材料或者有关情况透露、转给被检举、揭发的人员或者单位；

（六）打击报复信访人；

（七）其他违规违纪违法的情形。

党内法规

《中国共产党纪律处分条例》（2018年8月18日）

第一百一十二条 有下列行为之一，对直接责任者和领导责任者，情节较轻的，给予警告或者严重警告处分；情节较重的，给予撤销党内职务或者留党察看处分；情节严重的，给予开除党籍处分：

（一）超标准、超范围向群众筹资筹劳、摊派费用，加重群众负担的；

（二）违反有关规定扣留、收缴群众款物或者处罚群众的；

（三）克扣群众财物，或者违反有关规定拖欠群众钱款的；

（四）在管理、服务活动中违反有关规定收取费用的；

（五）在办理涉及群众事务时刁难群众、吃拿卡要的；

（六）有其他侵害群众利益行为的。

在扶贫领域有上述行为的，从重或者加重处分。

第一百一十六条 有下列行为之一，对直接责任者和领导责任者，情节较重的，给予警告或者严重警告处分；情节严重的，给予撤销党内职务或者留党察看处分：

（一）对涉及群众生产、生活等切身利益的问题依照政策或者有关规定能解决而不及时解决，庸懒无为、效率低下，造成不良影响的；

（二）对符合政策的群众诉求消极应付、推诿扯皮，损害党群、干群关系的；

（三）对待群众态度恶劣、简单粗暴，造成不良影响的；

（四）弄虚作假，欺上瞒下，损害群众利益的；

（五）有其他不作为、乱作为等损害群众利益行为的。

法律法规

1.《**中华人民共和国刑法**》（2020年12月26日）

第二百五十四条 国家机关工作人员滥用职权、假公济私，对控告人、申诉人、批评人、举报人实行报复陷害的，处二年以下有期徒刑或者拘役；情节严重的，处二年以上七年以下有期徒刑。

第三百九十七条 国家机关工作人员滥用职权或者玩忽职守，致使公共财产、国家和人民利益遭受重大损失的，处三年以下有期徒刑或者拘役；情节特别严重的，处三年以上七年以下有期徒刑。本法另有规定的，依照规定。

国家机关工作人员徇私舞弊，犯前款罪的，处五年以下有期徒刑或者拘役；情节特别严重的，处五年以上十年以下有期徒刑。本法另有规定的，依照规定。

2.《**公安机关信访工作规定**》（2005年8月18日）

第四十一条　公安机关人民警察在信访工作中玩忽职守、徇私舞弊，或者打击报复信访人，或者将信访人的检举、揭发材料或者有关情况透露给被检举、揭发的人员或者单位的，依法给予行政处分；构成犯罪的，依法追究刑事责任。

公安机关人民警察在处理信访事项过程中，作风粗暴，激化矛盾并造成严重后果的，依法给予行政处分。

3.《**人民检察院信访工作规定**》（2007年3月26日　高检发控字〔2007〕1号）

第五十三条　在处理信访事项过程中违反本规定，具有下列情形之一，造成严重后果的，对责任单位、责任部门和直接责任人予以批评教育；情节较重的，给予纪律处分；构成犯罪的，依法追究刑事责任：

（一）无故推诿、敷衍，应当受理而不予受理的；

（二）无故拖延，未在规定期限内办结的；

（三）对事实清楚，符合法律、法规或者其他有关规定的信访请求未予支持的；

（四）作风粗暴，方法简单，激化矛盾的；

（五）玩忽职守、徇私舞弊，打击报复信访人，或者把控告、举报材料及有关情况泄露给被控告人、被举报人的；

（六）拒不执行信访处理意见的。

第五十四条　隐瞒、谎报、缓报重大信访信息，造成严重后果的，对直接负责的主管人员和其他直接责任人员给予批评教育；情节较重的，给予纪律处分。

4.《司法行政机关信访工作办法》（2018年2月9日）

第三十八条 司法行政机关工作人员在办理信访事项过程中，有下列情形之一的，依法给予行政处分；构成犯罪的，依法追究刑事责任：

（一）将信访人的检举、揭发材料或者有关情况透露、转给被检举、揭发的人员或者单位的；

（二）对可能造成社会影响的重大、紧急信访事项和信访信息，隐瞒、谎报、缓报，或者授意他人隐瞒、谎报、缓报，造成严重后果的；

（三）作风粗暴，激化矛盾并造成严重后果的；

（四）打击报复信访人的。

第四十七条 【对信访人违规违法行为的处理】信访人违反本条例第二十条、第二十六条规定的，有关机关、单位工作人员应当对其进行劝阻、批评或者教育。

信访人滋事扰序、缠访闹访情节严重，构成违反治安管理行为的，或者违反集会游行示威相关法律法规的，由公安机关依法采取必要的现场处置措施、给予治安管理处罚；构成犯罪的，依法追究刑事责任。

信访人捏造歪曲事实、诬告陷害他人，构成违反治安管理行为的，依法给予治安管理处罚；构成犯罪的，依法追究刑事责任。

法律法规

1.《中华人民共和国集会游行示威法》（2009 年 8 月 27 日）

第二十八条　举行集会、游行、示威，有违反治安管理行为的，依照治安管理处罚法有关规定予以处罚。

举行集会、游行、示威，有下列情形之一的，公安机关可以对其负责人和直接责任人员处以警告或者十五日以下拘留：

（一）未依照本法规定申请或者申请未获许可的；

（二）未按照主管机关许可的目的、方式、标语、口号、起止时间、地点、路线进行，不听制止的。

第二十九条　举行集会、游行、示威，有犯罪行为的，依照刑法有关规定追究刑事责任。

携带武器、管制刀具或者爆炸物的，依照刑法有关规定追究刑事责任。

未依照本法规定申请或者申请未获许可，或者未按照主管机关许可的起止时间、地点、路线进行，又拒不服从解散命令，严重破坏社会秩序的，对集会、游行、示威的负责人和直接责任人员依照刑法有关规定追究刑事责任。

包围、冲击国家机关，致使国家机关的公务活动或者国事活动不能正常进行的，对集会、游行、示威的负责人和直接责任人员依照刑法有关规定追究刑事责任。

占领公共场所、拦截车辆行人或者聚众堵塞交通，严重破坏公共场所秩序、交通秩序的，对集会、游行、示威的负责人和直接责任人员依照刑法有关规定追究刑事责任。

2.《中华人民共和国治安管理处罚法》（2012 年 10 月 26 日）

第四十二条　有下列行为之一的，处五日以下拘留或者五百元以下罚款；情节较重的，处五日以上十日以下拘留，可以并处五百元以下罚款：

（一）写恐吓信或者以其他方法威胁他人人身安全的；

（二）公然侮辱他人或者捏造事实诽谤他人的；

（三）捏造事实诬告陷害他人，企图使他人受到刑事追究或者受到治安管理处罚的；

（四）对证人及其近亲属进行威胁、侮辱、殴打或者打击报复的；

（五）多次发送淫秽、侮辱、恐吓或者其他信息，干扰他人正常生活的；

（六）偷窥、偷拍、窃听、散布他人隐私的。

第五十五条　煽动、策划非法集会、游行、示威，不听劝阻的，处十日以上十五日以下拘留。

3.《**中华人民共和国刑法**》（2020年12月26日）

第二百四十三条　捏造事实诬告陷害他人，意图使他人受刑事追究，情节严重的，处三年以下有期徒刑、拘役或者管制；造成严重后果的，处三年以上十年以下有期徒刑。

国家机关工作人员犯前款罪的，从重处罚。

不是有意诬陷，而是错告，或者检举失实的，不适用前两款的规定。

第二百九十六条　举行集会、游行、示威，未依照法律规定申请或者申请未获许可，或者未按照主管机关许可的起止时间、地点、路线进行，又拒不服从解散命令，严重破坏社会秩序的，对集会、游行、示威的负责人和直接责任人员，处五年以下有期徒刑、拘役、管制或者剥夺政治权利。

4.《**公安机关信访工作规定**》（2005 年 8 月 18 日）

第四十四条 信访人违反《信访条例》第十九条规定，在信访活动中捏造事实、诬告陷害他人，构成犯罪的，依法追究刑事责任；尚不构成犯罪的，依法给予治安管理处罚。

5.《**司法行政机关信访工作办法**》（2018 年 2 月 9 日）

第三十九条 信访人不遵守信访秩序，在信访过程中采取过激行为的，司法行政机关应当进行劝阻、批评或者教育；经劝阻、批评或者教育无效的，应当告知公安机关依法处置；构成犯罪的，依法追究刑事责任。

6.《**人民法院司法警察条例**》（2012 年 10 月 29 日 法发〔2012〕23 号）

第七条 人民法院司法警察的职责：

（一）维护审判秩序；

（二）对进入审判区域的人员进行安全检查；

（三）刑事审判中押解、看管被告人或者罪犯，传带证人、鉴定人和传递证据；

（四）在生效法律文书的强制执行中，配合实施执行措施，必要时依法采取强制措施；

（五）执行死刑；

（六）协助机关安全和涉诉信访应急处置工作；

（七）执行拘传、拘留等强制措施；

（八）法律、法规规定的其他职责。

7.《**人民检察院司法警察条例**》（2013 年 5 月 8 日 高检发〔2013〕8 号）

第十条 对涉诉信访人员及其他人员在人民检察院办公区域

或者门前实施自杀、自伤等过激行为或者其他违法行为的，人民检察院司法警察应当及时采取措施予以制止和协助救治，必要时应当对其采取约束性保护措施，并视情节移送公安机关。

第六章　附　则

第四十八条　【外国人、无国籍人、外国组织参照适用】对外国人、无国籍人、外国组织信访事项的处理，参照本条例执行。

第四十九条　【解释机关】本条例由国家信访局负责解释。

第五十条　【施行日期】本条例自2022年5月1日起施行。

附录

《信访工作条例》与《信访条例》[1]关联对照表

信访工作条例	信访条例
第一章　总　　则	**第一章　总　　则**
第一条　为了坚持和加强党对信访工作的全面领导，做好新时代信访工作，保持党和政府同人民群众的密切联系，制定本条例。	**第一条**　为了保持各级人民政府同人民群众的密切联系，保护信访人的合法权益，维护信访秩序，制定本条例。
第二条　本条例适用于各级党的机关、人大机关、行政机关、政协机关、监察机关、审判机关、检察机关以及群团组织、国有企事业单位等开展信访工作。	
第三条　信访工作是党的群众工作的重要组成部分，是党和政府了解民情、集中民智、维护民利、凝聚民心的一项重要工作，是各级机关、单位及其领导干部、工作人员接受群众监督、改进工作作风的重要途径。	
第四条　信访工作坚持以马克思列宁主义、毛泽东思想、邓小平理论、“三个代表”重要思想、科学发展观、习近平新时代中国特	

① 根据2022年3月29日中华人民共和国国务院令第752号《国务院关于修改和废止部分行政法规的决定》，《信访条例》于2022年5月1日废止。

续表

信访工作条例	信访条例
色社会主义思想为指导，贯彻落实习近平总书记关于加强和改进人民信访工作的重要思想，增强“四个意识”、坚定“四个自信”、做到“两个维护”，牢记为民解难、为党分忧的政治责任，坚守人民情怀，坚持底线思维、法治思维，服务党和国家工作大局，维护群众合法权益，化解信访突出问题，促进社会和谐稳定。	
第五条 信访工作应当遵循下列原则： （一）坚持党的全面领导。把党的领导贯彻到信访工作各方面和全过程，确保正确政治方向。 （二）坚持以人民为中心。践行党的群众路线，倾听群众呼声，关心群众疾苦，千方百计为群众排忧解难。 （三）坚持落实信访工作责任。党政同责、一岗双责，属地管理、分级负责，谁主管、谁负责。 （四）坚持依法按政策解决问题。将信访纳入法治化轨道，依法维护群众权益、规范信访秩序。 （五）坚持源头治理化解矛盾。多措并举、综合施策，着力点放在源头预防和前端化解，把可能引发信访问题的矛盾纠纷化解在基层、化解在萌芽状态。	**第四条** 信访工作应当在各级人民政府领导下，坚持属地管理、分级负责，谁主管、谁负责，依法、及时、就地解决问题与疏导教育相结合的原则。

续表

信访工作条例	信访条例
第六条　各级机关、单位应当畅通信访渠道，做好信访工作，认真处理信访事项，倾听人民群众建议、意见和要求，接受人民群众监督，为人民群众服务。 **第十八条**　各级机关、单位应当向社会公布网络信访渠道、通信地址、咨询投诉电话、信访接待的时间和地点、查询信访事项处理进展以及结果的方式等相关事项，在其信访接待场所或者网站公布与信访工作有关的党内法规和法律、法规、规章，信访事项的处理程序，以及其他为信访人提供便利的相关事项。 各级机关、单位领导干部应当阅办群众来信和网上信访、定期接待群众来访、定期下访，包案化解群众反映强烈的突出问题。 市、县级党委和政府应当建立和完善联合接访工作机制，根据工作需要组织有关机关、单位联合接待，一站式解决信访问题。 任何组织和个人不得打击报复信访人。	**第三条**　各级人民政府、县级以上人民政府工作部门应当做好信访工作，认真处理来信、接待来访，倾听人民群众的意见、建议和要求，接受人民群众的监督，努力为人民群众服务。 各级人民政府、县级以上人民政府工作部门应当畅通信访渠道，为信访人采用本条例规定的形式反映情况，提出建议、意见或者投诉请求提供便利条件。 任何组织和个人不得打击报复信访人。
第二章　信访工作体制	
第七条　坚持和加强党对信访工作的全面领导，构建党委统一领导、政府组织落实、信访工作联席会议协调、信访部门推动、	**第五条**　各级人民政府、县级以上人民政府工作部门应当科学、民主决策，依法履行职责，从源头上预防导致信访事项的矛盾

续表

信访工作条例	信访条例
各方齐抓共管的信访工作格局。 **第三十八条** 各级党委和政府应当对开展信访工作、落实信访工作责任的情况组织专项督查。 信访工作联席会议及其办公室、党委和政府信访部门应当根据工作需要开展督查，就发现的问题向有关地方和部门进行反馈，重要问题向本级党委和政府报告。 各级党委和政府督查部门应当将疑难复杂信访问题列入督查范围。	和纠纷。 县级以上人民政府应当建立统一领导、部门协调，统筹兼顾、标本兼治，各负其责、齐抓共管的信访工作格局，通过联席会议、建立排查调处机制、建立信访督查工作制度等方式，及时化解矛盾和纠纷。 各级人民政府、县级以上人民政府各工作部门的负责人应当阅批重要来信、接待重要来访、听取信访工作汇报，研究解决信访工作中的突出问题。
第八条 党中央加强对信访工作的统一领导： （一）强化政治引领，确立信访工作的政治方向和政治原则，严明政治纪律和政治规矩； （二）制定信访工作方针政策，研究部署信访工作中事关党和国家工作大局、社会和谐稳定、群众权益保障的重大改革措施； （三）领导建设一支对党忠诚可靠、恪守为民之责、善做群众工作的高素质专业化信访工作队伍，为信访工作提供组织保证。	
第九条 地方党委领导本地区信访工作，贯彻落实党中央关于信访工作的方针政策和决策部署，执行上级党组织关于信访工作	

续表

信访工作条例	信访条例
的部署要求，统筹信访工作责任体系构建，支持和督促下级党组织做好信访工作。 　　地方党委常委会应当定期听取信访工作汇报，分析形势，部署任务，研究重大事项，解决突出问题。	
第十条　各级政府贯彻落实上级党委和政府以及本级党委关于信访工作的部署要求，科学民主决策、依法履行职责，组织各方力量加强矛盾纠纷排查化解，及时妥善处理信访事项，研究解决政策性、群体性信访突出问题和疑难复杂信访问题。	
第十一条　中央信访工作联席会议在党中央、国务院领导下，负责全国信访工作的统筹协调、整体推进、督促落实，履行下列职责： 　　（一）研究分析全国信访形势，为中央决策提供参考； 　　（二）督促落实党中央关于信访工作的方针政策和决策部署； 　　（三）研究信访制度改革和信访法治化建设重大问题和事项； 　　（四）研究部署重点工作任务，协调指导解决具有普遍性的信访突出问题； 　　（五）领导组织信访工作责任	

续表

信访工作条例	信访条例
制落实、督导考核等工作； （六）指导地方各级信访工作联席会议工作； （七）承担党中央、国务院交办的其他事项。 中央信访工作联席会议由党中央、国务院领导同志以及有关部门负责同志担任召集人，各成员单位负责同志参加。中央信访工作联席会议办公室设在国家信访局，承担联席会议的日常工作，督促检查联席会议议定事项的落实。	
第十二条 中央信访工作联席会议根据工作需要召开全体会议或者工作会议。研究涉及信访工作改革发展的重大问题和重要信访事项的处理意见，应当及时向党中央、国务院请示报告。 中央信访工作联席会议各成员单位应当落实联席会议确定的工作任务和议定事项，及时报送落实情况；及时将本领域重大敏感信访问题提请联席会议研究。	
第十三条 地方各级信访工作联席会议在本级党委和政府领导下，负责本地区信访工作的统筹协调、整体推进、督促落实，协调处理发生在本地区的重要信访问题，指导下级信访工作联席会	

续表

信访工作条例	信访条例
议工作。联席会议召集人一般由党委和政府负责同志担任。 　　地方党委和政府应当根据信访工作形势任务，及时调整成员单位，健全规章制度，建立健全信访信息分析研判、重大信访问题协调处理、联合督查等工作机制，提升联席会议工作的科学化、制度化、规范化水平。 　　根据工作需要，乡镇党委和政府、街道党工委和办事处可以建立信访工作联席会议机制，或者明确党政联席会定期研究本地区信访工作，协调处理发生在本地区的重要信访问题。	
第十四条　各级党委和政府信访部门是开展信访工作的专门机构，履行下列职责： 　　（一）受理、转送、交办信访事项； 　　（二）协调解决重要信访问题； 　　（三）督促检查重要信访事项的处理和落实； 　　（四）综合反映信访信息，分析研判信访形势，为党委和政府提供决策参考； 　　（五）指导本级其他机关、单位和下级的信访工作； 　　（六）提出改进工作、完善政	**第六条**　县级以上人民政府应当设立信访工作机构；县级以上人民政府工作部门及乡、镇人民政府应当按照有利工作、方便信访人的原则，确定负责信访工作的机构（以下简称信访工作机构）或者人员，具体负责信访工作。 　　县级以上人民政府信访工作机构是本级人民政府负责信访工作的行政机构，履行下列职责： 　　（一）受理、交办、转送信访人提出的信访事项； 　　（二）承办上级和本级人民政府交由处理的信访事项；

续表

信访工作条例	信访条例
策和追究责任的建议； （七）承担本级党委和政府交办的其他事项。 各级党委和政府信访部门以外的其他机关、单位应当根据信访工作形势任务，明确负责信访工作的机构或者人员，参照党委和政府信访部门职责，明确相应的职责。	（三）协调处理重要信访事项； （四）督促检查信访事项的处理； （五）研究、分析信访情况，开展调查研究，及时向本级人民政府提出完善政策和改进工作的建议； （六）对本级人民政府其他工作部门和下级人民政府信访工作机构的信访工作进行指导。
第十五条 各级党委和政府以外的其他机关、单位应当做好各自职责范围内的信访工作，按照规定及时受理办理信访事项，预防和化解政策性、群体性信访问题，加强对下级机关、单位信访工作的指导。 各级机关、单位应当拓宽社会力量参与信访工作的制度化渠道，发挥群团组织、社会组织和“两代表一委员”、社会工作者等作用，反映群众意见和要求，引导群众依法理性反映诉求、维护权益，推动矛盾纠纷及时有效化解。 乡镇党委和政府、街道党工委和办事处以及村（社区）“两委”应当全面发挥职能作用，坚持和发展新时代“枫桥经验”，积	

续表

信访工作条例	信访条例
极协调处理化解发生在当地的信访事项和矛盾纠纷，努力做到小事不出村、大事不出镇、矛盾不上交。	
第十六条　各级党委和政府应当加强信访部门建设，选优配强领导班子，配备与形势任务相适应的工作力量，建立健全信访督查专员制度，打造高素质专业化信访干部队伍。各级党委和政府信访部门主要负责同志应当由本级党委或者政府副秘书长〔办公厅（室）副主任〕兼任。 各级党校（行政学院）应当将信访工作作为党性教育内容纳入教学培训，加强干部教育培训。 各级机关、单位应当建立健全年轻干部和新录用干部到信访工作岗位锻炼制度。 各级党委和政府应当为信访工作提供必要的支持和保障，所需经费列入本级预算。	
	第二章　信访渠道
	第九条　各级人民政府、县级以上人民政府工作部门应当向社会公布信访工作机构的通信地址、电子信箱、投诉电话、信访接待的时间和地点、查询信访事项处理进展及结果的方式等相关事项。

续表

信访工作条例	信访条例
	各级人民政府、县级以上人民政府工作部门应当在其信访接待场所或者网站公布与信访工作有关的法律、法规、规章，信访事项的处理程序，以及其他为信访人提供便利的相关事项。
	第十条 设区的市级、县级人民政府及其工作部门，乡、镇人民政府应当建立行政机关负责人信访接待日制度，由行政机关负责人协调处理信访事项。信访人可以在公布的接待日和接待地点向有关行政机关负责人当面反映信访事项。 县级以上人民政府及其工作部门负责人或者其指定的人员，可以就信访人反映突出的问题到信访人居住地与信访人面谈沟通。
	第十二条 县级以上各级人民政府的信访工作机构或者有关工作部门应当及时将信访人的投诉请求输入信访信息系统，信访人可以持行政机关出具的投诉请求受理凭证到当地人民政府的信访工作机构或者有关工作部门的接待场所查询其所提出的投诉请求的办理情况。具体实施办法和步骤由省、自治区、直辖市人民政府规定。

续表

信访工作条例	信访条例
	第十三条　设区的市、县两级人民政府可以根据信访工作的实际需要，建立政府主导、社会参与、有利于迅速解决纠纷的工作机制。 信访工作机构应当组织相关社会团体、法律援助机构、相关专业人员、社会志愿者等共同参与，运用咨询、教育、协商、调解、听证等方法，依法、及时、合理处理信访人的投诉请求。
第三章　信访事项的提出和受理	**第三章　信访事项的提出**
	第十四条　信访人对下列组织、人员的职务行为反映情况，提出建议、意见，或者不服下列组织、人员的职务行为，可以向有关行政机关提出信访事项： （一）行政机关及其工作人员； （二）法律、法规授权的具有管理公共事务职能的组织及其工作人员； （三）提供公共服务的企业、事业单位及其工作人员； （四）社会团体或者其他企业、事业单位中由国家行政机关任命、派出的人员； （五）村民委员会、居民委员会及其成员。 对依法应当通过诉讼、仲裁、

续表

信访工作条例	信访条例
	行政复议等法定途径解决的投诉请求，信访人应当依照有关法律、行政法规规定的程序向有关机关提出。
	第十五条 信访人对各级人民代表大会以及县级以上各级人民代表大会常务委员会、人民法院、人民检察院职权范围内的信访事项，应当分别向有关的人民代表大会及其常务委员会、人民法院、人民检察院提出，并遵守本条例第十六条、第十七条、第十八条、第十九条、第二十条的规定。
第十七条 公民、法人或者其他组织可以采用信息网络、书信、电话、传真、走访等形式，向各级机关、单位反映情况，提出建议、意见或者投诉请求，有关机关、单位应当依规依法处理。 采用前款规定的形式，反映情况，提出建议、意见或者投诉请求的公民、法人或者其他组织，称信访人。	**第二条** 本条例所称信访，是指公民、法人或者其他组织采用书信、电子邮件、传真、电话、走访等形式，向各级人民政府、县级以上人民政府工作部门反映情况，提出建议、意见或者投诉请求，依法由有关行政机关处理的活动。 采用前款规定的形式，反映情况，提出建议、意见或者投诉请求的公民、法人或者其他组织，称信访人。
第十九条 信访人一般应当采用书面形式提出信访事项，并载明其姓名（名称）、住址和请求、	**第十六条** 信访人采用走访形式提出信访事项，应当向依法有权处理的本级或者上一级机关提

续表

信访工作条例	信访条例
事实、理由。对采用口头形式提出的信访事项，有关机关、单位应当如实记录。 信访人提出信访事项，应当客观真实，对其所提供材料内容的真实性负责，不得捏造、歪曲事实，不得诬告、陷害他人。 信访事项已经受理或者正在办理的，信访人在规定期限内向受理、办理机关、单位的上级机关、单位又提出同一信访事项的，上级机关、单位不予受理。 **第二十条** 信访人采用走访形式提出信访事项的，应当到有权处理的本级或者上一级机关、单位设立或者指定的接待场所提出。 信访人采用走访形式提出涉及诉讼权利救济的信访事项，应当按照法律法规规定的程序向有关政法部门提出。 多人采用走访形式提出共同的信访事项的，应当推选代表，代表人数不得超过5人。 各级机关、单位应当落实属地责任，认真接待处理群众来访，把问题解决在当地，引导信访人就地反映问题。	出；信访事项已经受理或者正在办理的，信访人在规定期限内向受理、办理机关的上级机关再提出同一信访事项的，该上级机关不予受理。 **第十七条** 信访人提出信访事项，一般应当采用书信、电子邮件、传真等书面形式；信访人提出投诉请求的，还应当载明信访人的姓名（名称）、住址和请求、事实、理由。 有关机关对采用口头形式提出的投诉请求，应当记录信访人的姓名（名称）、住址和请求、事实、理由。 **第十八条** 信访人采用走访形式提出信访事项的，应当到有关机关设立或者指定的接待场所提出。 多人采用走访形式提出共同的信访事项的，应当推选代表，代表人数不得超过5人。 **第十九条** 信访人提出信访事项，应当客观真实，对其所提供材料内容的真实性负责，不得捏造、歪曲事实，不得诬告、陷害他人。
第二十一条 各级党委和政府应当加强信访工作信息化、智能	**第十一条** 国家信访工作机构充分利用现有政务信息网络资源，

续表

信访工作条例	信访条例
化建设，依规依法有序推进信访信息系统互联互通、信息共享。 各级机关、单位应当及时将信访事项录入信访信息系统，使网上信访、来信、来访、来电在网上流转，方便信访人查询、评价信访事项办理情况。	建立全国信访信息系统，为信访人在当地提出信访事项、查询信访事项办理情况提供便利。 县级以上地方人民政府应当充分利用现有政务信息网络资源，建立或者确定本行政区域的信访信息系统，并与上级人民政府、政府有关部门、下级人民政府的信访信息系统实现互联互通。
第二十二条　各级党委和政府信访部门收到信访事项，应当予以登记，并区分情况，在 15 日内分别按照下列方式处理： （一）对依照职责属于本级机关、单位或者其工作部门处理决定的，应当转送有权处理的机关、单位；情况重大、紧急的，应当及时提出建议，报请本级党委和政府决定。 （二）涉及下级机关、单位或者其工作人员的，按照“属地管理、分级负责，谁主管、谁负责”的原则，转送有权处理的机关、单位。 （三）对转送信访事项中的重要情况需要反馈办理结果的，可以交由有权处理的机关、单位办理，要求其在指定办理期限内反馈结果，提交办结报告。 各级党委和政府信访部门对收	**第二十一条**　县级以上人民政府信访工作机构收到信访事项，应当予以登记，并区分情况，在 15 日内分别按下列方式处理： （一）对本条例第十五条规定的信访事项，应当告知信访人分别向有关的人民代表大会及其常务委员会、人民法院、人民检察院提出。对已经或者依法应当通过诉讼、仲裁、行政复议等法定途径解决的，不予受理，但应当告知信访人依照有关法律、行政法规规定程序向有关机关提出。 （二）对依照法定职责属于本级人民政府或者其工作部门处理决定的信访事项，应当转送有权处理的行政机关；情况重大、紧急的，应当及时提出建议，报请本级人民政府决定。 （三）信访事项涉及下级行政机关或者其工作人员的，按照“属

续表

信访工作条例	信访条例
到的涉法涉诉信件，应当转送同级政法部门依法处理；对走访反映涉诉问题的信访人，应当释法明理，引导其向有关政法部门反映问题。对属于纪检监察机关受理的检举控告类信访事项，应当按照管理权限转送有关纪检监察机关依规依纪依法处理。	地管理、分级负责，谁主管、谁负责”的原则，直接转送有权处理的行政机关，并抄送下一级人民政府信访工作机构。 县级以上人民政府信访工作机构要定期向下一级人民政府信访工作机构通报转送情况，下级人民政府信访工作机构要定期向上一级人民政府信访工作机构报告转送信访事项的办理情况。 （四）对转送信访事项中的重要情况需要反馈办理结果的，可以直接交由有权处理的行政机关办理，要求其在指定办理期限内反馈结果，提交办结报告。 按照前款第（二）项至第（四）项规定，有关行政机关应当自收到转送、交办的信访事项之日起15日内决定是否受理并书面告知信访人，并按要求通报信访工作机构。
第二十三条　党委和政府信访部门以外的其他机关、单位收到信访人直接提出的信访事项，应当予以登记；对属于本机关、单位职权范围的，应当告知信访人接收情况以及处理途径和程序；对属于本系统下级机关、单位职权范围的，应当转送、交办有权处理的机关、单位，并告知信访人	**第二十二条**　信访人按照本条例规定直接向各级人民政府信访工作机构以外的行政机关提出的信访事项，有关行政机关应当予以登记；对符合本条例第十四条第一款规定并属于本机关法定职权范围的信访事项，应当受理，不得推诿、敷衍、拖延；对不属于本机关职权范围的信访事项，应

续表

信访工作条例	信访条例
转送、交办去向；对不属于本机关、单位或者本系统职权范围的，应当告知信访人向有权处理的机关、单位提出。 对信访人直接提出的信访事项，有关机关、单位能够当场告知的，应当当场书面告知；不能当场告知的，应当自收到信访事项之日起 15 日内书面告知信访人，但信访人的姓名（名称）、住址不清的除外。 对党委和政府信访部门或者本系统上级机关、单位转送、交办的信访事项，属于本机关、单位职权范围的，有关机关、单位应当自收到之日起 15 日内书面告知信访人接收情况以及处理途径和程序；不属于本机关、单位或者本系统职权范围的，有关机关、单位应当自收到之日起 5 个工作日内提出异议，并详细说明理由，经转送、交办的信访部门或者上级机关、单位核实同意后，交还相关材料。 政法部门处理涉及诉讼权利救济事项、纪检监察机关处理检举控告事项的告知按照有关规定执行。	当告知信访人向有权的机关提出。 有关行政机关收到信访事项后，能够当场答复是否受理的，应当当场书面答复；不能当场答复的，应当自收到信访事项之日起 15 日内书面告知信访人。但是，信访人的姓名（名称）、住址不清的除外。 有关行政机关应当相互通报信访事项的受理情况。
第二十四条 涉及两个或者两个以上机关、单位的信访事项，由所涉及的机关、单位协商受理；受理有争议的，由其共同的上一级机	**第二十四条** 涉及两个或者两个以上行政机关的信访事项，由所涉及的行政机关协商受理；受理有争议的，由其共同的上一级行政机

续表

信访工作条例	信访条例
关、单位决定受理机关；受理有争议且没有共同的上一级机关、单位的，由共同的信访工作联席会议协调处理。 应当对信访事项作出处理的机关、单位分立、合并、撤销的，由继续行使其职权的机关、单位受理；职责不清的，由本级党委和政府或者其指定的机关、单位受理。	关决定受理机关。 **第二十五条** 应当对信访事项作出处理的行政机关分立、合并、撤销的，由继续行使其职权的行政机关受理；职责不清的，由本级人民政府或者其指定的机关受理。
第二十五条 各级机关、单位对可能造成社会影响的重大、紧急信访事项和信访信息，应当及时报告本级党委和政府，通报相关主管部门和本级信访工作联席会议办公室，在职责范围内依法及时采取措施，防止不良影响的产生、扩大。 地方各级党委和政府信访部门接到重大、紧急信访事项和信访信息，应当向上一级信访部门报告，同时报告国家信访局。	**第二十六条** 公民、法人或者其他组织发现可能造成社会影响的重大、紧急信访事项和信访信息时，可以就近向有关行政机关报告。地方各级人民政府接到报告后，应当立即报告上一级人民政府；必要时，通报有关主管部门。县级以上地方人民政府有关部门接到报告后，应当立即报告本级人民政府和上一级主管部门；必要时，通报有关主管部门。国务院有关部门接到报告后，应当立即报告国务院；必要时，通报有关主管部门。 行政机关对重大、紧急信访事项和信访信息不得隐瞒、谎报、缓报，或者授意他人隐瞒、谎报、缓报。 **第二十七条** 对于可能造成社会影响的重大、紧急信访事项和信访信息，有关行政机关应当在职责范围内依法及时采取措施，防止不良影响的产生、扩大。

续表

信访工作条例	信访条例
第二十六条 信访人在信访过程中应当遵守法律、法规，不得损害国家、社会、集体的利益和其他公民的合法权利，自觉维护社会公共秩序和信访秩序，不得有下列行为： （一）在机关、单位办公场所周围、公共场所非法聚集，围堵、冲击机关、单位，拦截公务车辆，或者堵塞、阻断交通； （二）携带危险物品、管制器具； （三）侮辱、殴打、威胁机关、单位工作人员，非法限制他人人身自由，或者毁坏财物； （四）在信访接待场所滞留、滋事，或者将生活不能自理的人弃留在信访接待场所； （五）煽动、串联、胁迫、以财物诱使、幕后操纵他人信访，或者以信访为名借机敛财； （六）其他扰乱公共秩序、妨害国家和公共安全的行为。	**第二十条** 信访人在信访过程中应当遵守法律、法规，不得损害国家、社会、集体的利益和其他公民的合法权利，自觉维护社会公共秩序和信访秩序，不得有下列行为： （一）在国家机关办公场所周围、公共场所非法聚集，围堵、冲击国家机关，拦截公务车辆，或者堵塞、阻断交通的； （二）携带危险物品、管制器具的； （三）侮辱、殴打、威胁国家机关工作人员，或者非法限制他人人身自由的； （四）在信访接待场所滞留、滋事，或者将生活不能自理的人弃留在信访接待场所的； （五）煽动、串联、胁迫、以财物诱使、幕后操纵他人信访或者以信访为名借机敛财的； （六）扰乱公共秩序、妨害国家和公共安全的其他行为。
第四章　信访事项的办理	**第五章　信访事项的办理和督办**
第二十七条 各级机关、单位及其工作人员应当根据各自职责和有关规定，按照诉求合理的解决问题到位、诉求无理的思想教育到位、生活困难的帮扶救助到位、行为违法的依法处理的要求，	

续表

信访工作条例	信访条例
依法按政策及时就地解决群众合法合理诉求，维护正常信访秩序。	
第二十八条 各级机关、单位及其工作人员办理信访事项，应当恪尽职守、秉公办事，查明事实、分清责任，加强教育疏导，及时妥善处理，不得推诿、敷衍、拖延。 各级机关、单位应当按照诉讼与信访分离制度要求，将涉及民事、行政、刑事等诉讼权利救济的信访事项从普通信访体制中分离出来，由有关政法部门依法处理。 各级机关、单位工作人员与信访事项或者信访人有直接利害关系的，应当回避。	**第二十八条** 行政机关及其工作人员办理信访事项，应当恪尽职守、秉公办事，查明事实、分清责任，宣传法制、教育疏导，及时妥善处理，不得推诿、敷衍、拖延。 **第三十条** 行政机关工作人员与信访事项或者信访人有直接利害关系的，应当回避。
第二十九条 对信访人反映的情况、提出的建议意见类事项，有权处理的机关、单位应当认真研究论证。对科学合理、具有现实可行性的，应当采纳或者部分采纳，并予以回复。 信访人反映的情况、提出的建议意见，对国民经济和社会发展或者对改进工作以及保护社会公共利益有贡献的，应当按照有关规定给予奖励。 各级党委和政府应当健全人民建议征集制度，对涉及国计民生的重要工作，主动听取群众的建议意见。	**第八条** 信访人反映的情况，提出的建议、意见，对国民经济和社会发展或者对改进国家机关工作以及保护社会公共利益有贡献的，由有关行政机关或者单位给予奖励。 对在信访工作中做出优异成绩的单位或者个人，由有关行政机关给予奖励。 **第二十九条** 信访人反映的情况，提出的建议、意见，有利于行政机关改进工作、促进国民经济和社会发展的，有关行政机关应当认真研究论证并积极采纳。

续表

信访工作条例	信访条例
第三十条 对信访人提出的检举控告类事项，纪检监察机关或者有权处理的机关、单位应当依规依纪依法接收、受理、办理和反馈。 党委和政府信访部门应当按照干部管理权限向组织（人事）部门通报反映干部问题的信访情况，重大情况向党委主要负责同志和分管组织（人事）工作的负责同志报送。组织（人事）部门应当按照干部选拔任用监督的有关规定进行办理。 不得将信访人的检举、揭发材料以及有关情况透露或者转给被检举、揭发的人员或者单位。	**第二十三条** 行政机关及其工作人员不得将信访人的检举、揭发材料及有关情况透露或者转给被检举、揭发的人员或者单位。
第三十一条 对信访人提出的申诉求决类事项，有权处理的机关、单位应当区分情况，分别按照下列方式办理： （一）应当通过审判机关诉讼程序或者复议程序、检察机关刑事立案程序或者法律监督程序、公安机关法律程序处理的，涉法涉诉信访事项未依法终结的，按照法律法规规定的程序处理。 （二）应当通过仲裁解决的，导入相应程序处理。 （三）可以通过党员申诉、申请复审等解决的，导入相应程序处理。	**第三十一条** 对信访事项有权处理的行政机关办理信访事项，应当听取信访人陈述事实和理由；必要时可以要求信访人、有关组织和人员说明情况；需要进一步核实有关情况的，可以向其他组织和人员调查。 对重大、复杂、疑难的信访事项，可以举行听证。听证应当公开举行，通过质询、辩论、评议、合议等方式，查明事实，分清责任。听证范围、主持人、参加人、程序等由省、自治区、直辖市人民政府规定。

续表

信访工作条例	信访条例
（四）可以通过行政复议、行政裁决、行政确认、行政许可、行政处罚等行政程序解决的，导入相应程序处理。 （五）属于申请查处违法行为、履行保护人身权或者财产权等合法权益职责的，依法履行或者答复。 （六）不属于以上情形的，应当听取信访人陈述事实和理由，并调查核实，出具信访处理意见书。对重大、复杂、疑难的信访事项，可以举行听证。	
第三十二条　信访处理意见书应当载明信访人投诉请求、事实和理由、处理意见及其法律法规依据： （一）请求事实清楚，符合法律、法规、规章或者其他有关规定的，予以支持； （二）请求事由合理但缺乏法律依据的，应当作出解释说明； （三）请求缺乏事实根据或者不符合法律、法规、规章或者其他有关规定的，不予支持。 有权处理的机关、单位作出支持信访请求意见的，应当督促有关机关、单位执行；不予支持的，应当做好信访人的疏导教育工作。	**第三十二条**　对信访事项有权处理的行政机关经调查核实，应当依照有关法律、法规、规章及其他有关规定，分别作出以下处理，并书面答复信访人： （一）请求事实清楚，符合法律、法规、规章或者其他有关规定的，予以支持； （二）请求事由合理但缺乏法律依据的，应当对信访人做好解释工作； （三）请求缺乏事实根据或者不符合法律、法规、规章或者其他有关规定的，不予支持。 有权处理的行政机关依照前款第（一）项规定作出支持信访请求意见的，应当督促有关机关或者单位执行。

续表

信访工作条例	信访条例
第三十三条 各级机关、单位在处理申诉求决类事项过程中，可以在不违反政策法规强制性规定的情况下，在裁量权范围内，经争议双方当事人同意进行调解；可以引导争议双方当事人自愿和解。经调解、和解达成一致意见的，应当制作调解协议书或者和解协议书。	
第三十四条 对本条例第三十一条第六项规定的信访事项应当自受理之日起60日内办结；情况复杂的，经本机关、单位负责人批准，可以适当延长办理期限，但延长期限不得超过30日，并告知信访人延期理由。	**第三十三条** 信访事项应当自受理之日起60日内办结；情况复杂的，经本行政机关负责人批准，可以适当延长办理期限，但延长期限不得超过30日，并告知信访人延期理由。法律、行政法规另有规定的，从其规定。
第三十五条 信访人对信访处理意见不服的，可以自收到书面答复之日起30日内请求原办理机关、单位的上一级机关、单位复查。收到复查请求的机关、单位应当自收到复查请求之日起30日内提出复查意见，并予以书面答复。	**第三十四条** 信访人对行政机关作出的信访事项处理意见不服的，可以自收到书面答复之日起30日内请求原办理行政机关的上一级行政机关复查。收到复查请求的行政机关应当自收到复查请求之日起30日内提出复查意见，并予以书面答复。
第三十六条 信访人对复查意见不服的，可以自收到书面答复之日起30日内向复查机关、单位的上一级机关、单位请求复核。收到复核请求的机关、单位应当自	**第三十五条** 信访人对复查意见不服的，可以自收到书面答复之日起30日内向复查机关的上一级行政机关请求复核。收到复核请求的行政机关应当自收到复核

续表

信访工作条例	信访条例
收到复核请求之日起30日内提出复核意见。 复核机关、单位可以按照本条例第三十一条第六项的规定举行听证，经过听证的复核意见可以依法向社会公示。听证所需时间不计算在前款规定的期限内。 信访人对复核意见不服，仍然以同一事实和理由提出投诉请求的，各级党委和政府信访部门和其他机关、单位不再受理。	请求之日起30日内提出复核意见。 复核机关可以按照本条例第三十一条第二款的规定举行听证，经过听证的复核意见可以依法向社会公示。听证所需时间不计算在前款规定的期限内。 信访人对复核意见不服，仍然以同一事实和理由提出投诉请求的，各级人民政府信访工作机构和其他行政机关不再受理。
第三十七条　各级机关、单位应当坚持社会矛盾纠纷多元预防调处化解，人民调解、行政调解、司法调解联动，综合运用法律、政策、经济、行政等手段和教育、协商、疏导等办法，多措并举化解矛盾纠纷。 各级机关、单位在办理信访事项时，对生活确有困难的信访人，可以告知或者帮助其向有关机关或者机构依法申请社会救助。符合国家司法救助条件的，有关政法部门应当按照规定给予司法救助。 地方党委和政府以及基层党组织和基层单位对信访事项已经复查复核和涉法涉诉信访事项已经依法终结的相关信访人，应当做好疏导教育、矛盾化解、帮扶救助等工作。	

续表

信访工作条例	信访条例
第五章　监督和追责	
第三十九条　各级党委和政府应当以依规依法及时就地解决信访问题为导向，每年对信访工作情况进行考核。考核结果应当在适当范围内通报，并作为对领导班子和有关领导干部综合考核评价的重要参考。 对在信访工作中作出突出成绩和贡献的机关、单位或者个人，可以按照有关规定给予表彰和奖励。 对在信访工作中履职不力、存在严重问题的领导班子和领导干部，视情节轻重，由信访工作联席会议进行约谈、通报、挂牌督办，责令限期整改。	**第七条**　各级人民政府应当建立健全信访工作责任制，对信访工作中的失职、渎职行为，严格依照有关法律、行政法规和本条例的规定，追究有关责任人员的责任，并在一定范围内予以通报。 各级人民政府应当将信访工作绩效纳入公务员考核体系。
第四十条　党委和政府信访部门发现有关机关、单位存在违反信访工作规定受理、办理信访事项，办理信访事项推诿、敷衍、拖延、弄虚作假或者拒不执行信访处理意见等情形的，应当及时督办，并提出改进工作的建议。 对工作中发现的有关政策性问题，应当及时向本级党委和政府报告，并提出完善政策的建议。 对在信访工作中推诿、敷衍、拖延、弄虚作假造成严重后果的	**第三十六条**　县级以上人民政府信访工作机构发现有关行政机关有下列情形之一的，应当及时督办，并提出改进建议： （一）无正当理由未按规定的办理期限办结信访事项的； （二）未按规定反馈信访事项办理结果的； （三）未按规定程序办理信访事项的； （四）办理信访事项推诿、敷衍、拖延的；

续表

信访工作条例	信访条例
机关、单位及其工作人员，应当向有管理权限的机关、单位提出追究责任的建议。 对信访部门提出的改进工作、完善政策、追究责任的建议，有关机关、单位应当书面反馈采纳情况。	（五）不执行信访处理意见的； （六）其他需要督办的情形。 收到改进建议的行政机关应当在 30 日内书面反馈情况；未采纳改进建议的，应当说明理由。 **第三十七条** 县级以上人民政府信访工作机构对于信访人反映的有关政策性问题，应当及时向本级人民政府报告，并提出完善政策、解决问题的建议。 **第三十八条** 县级以上人民政府信访工作机构对在信访工作中推诿、敷衍、拖延、弄虚作假造成严重后果的行政机关工作人员，可以向有关行政机关提出给予行政处分的建议。
第四十一条 党委和政府信访部门应当编制信访情况年度报告，每年向本级党委和政府、上一级党委和政府信访部门报告。年度报告应当包括下列内容： （一）信访事项的数据统计、信访事项涉及领域以及被投诉较多的机关、单位； （二）党委和政府信访部门转送、交办、督办情况； （三）党委和政府信访部门提出改进工作、完善政策、追究责任建议以及被采纳情况；	**第三十九条** 县级以上人民政府信访工作机构应当就以下事项向本级人民政府定期提交信访情况分析报告： （一）受理信访事项的数据统计、信访事项涉及领域以及被投诉较多的机关； （二）转送、督办情况以及各部门采纳改进建议的情况； （三）提出的政策性建议及其被采纳情况。

续表

信访工作条例	信访条例
（四）其他应当报告的事项。 根据巡视巡察工作需要，党委和政府信访部门应当向巡视巡察机构提供被巡视巡察地区、单位领导班子及其成员和下一级主要负责人有关信访举报，落实信访工作责任制，具有苗头性、倾向性的重要信访问题，需要巡视巡察工作关注的重要信访事项等情况。	
	第六章　法律责任
第四十二条　因下列情形之一导致信访事项发生，造成严重后果的，对直接负责的主管人员和其他直接责任人员，依规依纪依法严肃处理；构成犯罪的，依法追究刑事责任： （一）超越或者滥用职权，侵害公民、法人或者其他组织合法权益； （二）应当作为而不作为，侵害公民、法人或者其他组织合法权益； （三）适用法律、法规错误或者违反法定程序，侵害公民、法人或者其他组织合法权益； （四）拒不执行有权处理机关、单位作出的支持信访请求意见。	**第四十条**　因下列情形之一导致信访事项发生，造成严重后果的，对直接负责的主管人员和其他直接责任人员，依照有关法律、行政法规的规定给予行政处分；构成犯罪的，依法追究刑事责任： （一）超越或者滥用职权，侵害信访人合法权益的； （二）行政机关应当作为而不作为，侵害信访人合法权益的； （三）适用法律、法规错误或者违反法定程序，侵害信访人合法权益的； （四）拒不执行有权处理的行政机关作出的支持信访请求意见的。

续表

信访工作条例	信访条例
第四十三条 各级党委和政府信访部门对收到的信访事项应当登记、转送、交办而未按照规定登记、转送、交办，或者应当履行督办职责而未履行的，由其上级机关责令改正；造成严重后果的，对直接负责的主管人员和其他直接责任人员依规依纪依法严肃处理。	**第四十一条** 县级以上人民政府信访工作机构对收到的信访事项应当登记、转送、交办而未按规定登记、转送、交办，或者应当履行督办职责而未履行的，由其上级行政机关责令改正；造成严重后果的，对直接负责的主管人员和其他直接责任人员依法给予行政处分。
第四十四条 负有受理信访事项职责的机关、单位有下列情形之一的，由其上级机关、单位责令改正；造成严重后果的，对直接负责的主管人员和其他直接责任人员依规依纪依法严肃处理： （一）对收到的信访事项不按照规定登记； （二）对属于其职权范围的信访事项不予受理； （三）未在规定期限内书面告知信访人是否受理信访事项。	**第四十二条** 负有受理信访事项职责的行政机关在受理信访事项过程中违反本条例的规定，有下列情形之一的，由其上级行政机关责令改正；造成严重后果的，对直接负责的主管人员和其他直接责任人员依法给予行政处分： （一）对收到的信访事项不按规定登记的； （二）对属于其法定职权范围的信访事项不予受理的； （三）行政机关未在规定期限内书面告知信访人是否受理信访事项的。
第四十五条 对信访事项有权处理的机关、单位有下列情形之一的，由其上级机关、单位责令改正；造成严重后果的，对直接负责的主管人员和其他直接责任人员依规依纪依法严肃处理：	**第四十三条** 对信访事项有权处理的行政机关在办理信访事项过程中，有下列行为之一的，由其上级行政机关责令改正；造成严重后果的，对直接负责的主管人员和其他直接责任人员依法给

续表

信访工作条例	信访条例
（一）推诿、敷衍、拖延信访事项办理或者未在规定期限内办结信访事项； （二）对事实清楚，符合法律、法规、规章或者其他有关规定的投诉请求未予支持； （三）对党委和政府信访部门提出的改进工作、完善政策等建议重视不够、落实不力，导致问题长期得不到解决； （四）其他不履行或者不正确履行信访事项处理职责的情形。	予行政处分： （一）推诿、敷衍、拖延信访事项办理或者未在法定期限内办结信访事项的； （二）对事实清楚，符合法律、法规、规章或者其他有关规定的投诉请求未予支持的。
第四十六条 有关机关、单位及其领导干部、工作人员有下列情形之一的，由其上级机关、单位责令改正；造成严重后果的，对直接负责的主管人员和其他直接责任人员依规依纪依法严肃处理；构成犯罪的，依法追究刑事责任： （一）对待信访人态度恶劣、作风粗暴，损害党群干群关系； （二）在处理信访事项过程中吃拿卡要、谋取私利； （三）对规模性集体访、负面舆情等处置不力，导致事态扩大； （四）对可能造成社会影响的重大、紧急信访事项和信访信息隐瞒、谎报、缓报，或者未依法及时采取必要措施； （五）将信访人的检举、揭发	**第四十四条** 行政机关工作人员违反本条例规定，将信访人的检举、揭发材料或者有关情况透露、转给被检举、揭发的人员或者单位的，依法给予行政处分。 行政机关工作人员在处理信访事项过程中，作风粗暴，激化矛盾并造成严重后果的，依法给予行政处分。 **第四十五条** 行政机关及其工作人员违反本条例第二十六条规定，对可能造成社会影响的重大、紧急信访事项和信访信息，隐瞒、谎报、缓报，或者授意他人隐瞒、谎报、缓报，造成严重后果的，对直接负责的主管人员和其他直接责任人员依法给予行政处分；构成犯罪的，依法追究刑

续表

信访工作条例	信访条例
材料或者有关情况透露、转给被检举、揭发的人员或者单位； （六）打击报复信访人； （七）其他违规违纪违法的情形。	事责任。 **第四十六条**　打击报复信访人，构成犯罪的，依法追究刑事责任；尚不构成犯罪的，依法给予行政处分或者纪律处分。
第四十七条　信访人违反本条例第二十条、第二十六条规定的，有关机关、单位工作人员应当对其进行劝阻、批评或者教育。 信访人滋事扰序、缠访闹访情节严重，构成违反治安管理行为的，或者违反集会游行示威相关法律法规的，由公安机关依法采取必要的现场处置措施、给予治安管理处罚；构成犯罪的，依法追究刑事责任。 信访人捏造歪曲事实、诬告陷害他人，构成违反治安管理行为的，依法给予治安管理处罚；构成犯罪的，依法追究刑事责任。	**第四十七条**　违反本条例第十八条、第二十条规定的，有关国家机关工作人员应当对信访人进行劝阻、批评或者教育。 经劝阻、批评和教育无效的，由公安机关予以警告、训诫或者制止；违反集会游行示威的法律、行政法规，或者构成违反治安管理行为的，由公安机关依法采取必要的现场处置措施、给予治安管理处罚；构成犯罪的，依法追究刑事责任。 **第四十八条**　信访人捏造歪曲事实、诬告陷害他人，构成犯罪的，依法追究刑事责任；尚不构成犯罪的，由公安机关依法给予治安管理处罚。
第六章　附　　则	**第七章　附　　则**
	第四十九条　社会团体、企业事业单位的信访工作参照本条例执行。
第四十八条　对外国人、无国籍人、外国组织信访事项的处理，参照本条例执行。	**第五十条**　对外国人、无国籍人、外国组织信访事项的处理，参照本条例执行。

续表

信访工作条例	信访条例
第四十九条 本条例由国家信访局负责解释。	
第五十条 本条例自 2022 年 5 月 1 日起施行。	**第五十一条** 本条例自 2005 年 5 月 1 日起施行。1995 年 10 月 28 日国务院发布的《信访条例》同时废止。

图书在版编目（CIP）数据

信访工作条例关联规定速查 / 中国法制出版社编
. —北京：中国法制出版社，2022. 4
ISBN 978-7-5216-2583-7

Ⅰ. ①信… Ⅱ. ①中… Ⅲ. ①信访工作-条例-中国
Ⅳ. ①D922. 182. 1

中国版本图书馆 CIP 数据核字（2022）第 042606 号

责任编辑　程思　　封面设计　杨鑫宇

信访工作条例关联规定速查

XINFANG GONGZUO TIAOLI GUANLIAN GUIDING SUCHA

编者/中国法制出版社
经销/新华书店
印刷/三河市国英印务有限公司
开本/880 毫米×1230 毫米　32 开　　印张/ 4. 125　字数/ 80 千
版次/2022 年 4 月第 1 版　　2022 年 4 月第 1 次印刷

中国法制出版社出版
书号 ISBN 978-7-5216-2583-7　　定价：18. 00 元

北京市西城区西便门西里甲 16 号西便门办公区
邮政编码：100053　　传真：010-63141600
网址：http：//www. zgfzs. com　　**编辑部电话：010-63141806**
市场营销部电话：010-63141612　　**印务部电话：010-63141606**

（如有印装质量问题，请与本社印务部联系。）